Você e a Astrologia

TOURO

Bel-Adar

Você e a Astrologia

TOURO

*Para os nascidos de
21 de abril a 20 de maio*

Editora
Pensamento
SÃO PAULO

Copyright da 1ª edição © 1968 Editora Pensamento-Cultrix Ltda.

14ª edição 2012.

Todos os direitos reservados. Nenhuma parte desta obra pode ser reproduzida ou usada de qualquer forma ou por qualquer meio, eletrônico ou mecânico, inclusive fotocópias, gravações ou sistema de armazenamento em banco de dados, sem permissão por escrito, exceto nos casos de trechos curtos citados em resenhas críticas ou artigos de revistas.

A Editora Pensamento não se responsabiliza por eventuais mudanças ocorridas nos endereços convencionais ou eletrônicos citados neste livro.

Dados Internacionais de Catalogação na Publicação (CIP)
(Câmara Brasileira do Livro, SP, Brasil)

Bel-Adar
  Você e a astrologia : touro : para os nascidos de 21 de abril a 20 de maio / Bel-Adar. – São Paulo : Pensamento, 2009.

  13ª reimpr. da 1. ed. de 1968.
  ISBN 978-85-315-0721-2

  1. Astrologia 2. Horóscopos I. Título.

08-10797	CDD-133.5

Índices para catálogo sistemático:
1. Astrologia 133.5

Direitos reservados
EDITORA PENSAMENTO-CULTRIX LTDA.
Rua Dr. Mário Vicente, 368 — 04270-000 — São Paulo, SP
Fone: (11) 2066-9000 — Fax: (11) 2066-9008
E-mail: atendimento@editorapensamento.com.br
http://www.editorapensamento.com.br
Foi feito o depósito legal.

ÍNDICE

Astrologia 7

Touro... 19

Natureza cósmica de Touro 21
O elemento terra, 21. Vibração, 23. Polaridade, 24. Ritmo, 25. Fertilidade, 26. Figura simbólica, 28. Marte em Touro, 29. Lua em Touro, 30. Urano em Touro, 30. Síntese cósmica, 31.

O taurino 33
Como identificar um taurino, 33. O conservador, 33. O passado e o futuro, 36. O poder mental, 37. A mulher de Touro, 40. A prudência, 40. O bezerro de ouro, 39. A teimosia, 43. Síntese, 45.

O destino 47
Evolução material, 49. Família, 50. Amor, 52. Filhos, 53. Vida social, 54. Finanças, 56. Saúde, 58. Amigos, 60. Inimigos, 61. Viagens, 62. Profissões, 63. Síntese, 65.

A criança de Touro 67

O triângulo de terra 75

As nove faces de Touro 75
  Tipo Taurino–Venusiano, 75. Tipo Taurino–Mercuriano, 77. Tipo Taurino–Saturnino, 80.

Touro e o zodíaco 83
  Touro–Áries, 85. Touro–Touro, 88. Touro–Gêmeos, 91. Touro–Câncer, 95. Touro–Leão, 98. Touro–Virgem, 101. Touro–Libra, 105. Touro–Escorpião, 109. Touro–Sagitário, 112. Touro–Capricórnio, 116. Touro–Aquário, 119. Touro–Peixes, 122.

Vênus, o regente de Touro 127
  Simbolismo das cores, 132. A magia das pedras e dos metais, 135. A mística das plantas e dos perfumes, 136.

Vênus e os sete dias da semana 139
  Segunda-Feira, 139. Terça-Feira, 140. Quarta-Feira, 141. Quinta-Feira, 142, Sexta-Feira, 143. Sábado, 144. Domingo, 146.

Mitologia 147
  Touro, 147. Vênus, 151.

Astronomia 153
  A constelação de Touro, 153. O planeta, 154.

Alguns taurinos famosos 159

ASTROLOGIA

Mergulhando no passado, em busca das origens da Astrologia, descobre-se que ela já existia, na Mesopotâmia, trinta séculos antes da Era Cristã. No século VI a.C., atingiu a Índia e a China. A Grécia recebeu-a em seu período helênico e transmitiu-a aos romanos e aos árabes. Caldeus e egípcios a praticaram; estes últimos, excelentes astrônomos e astrólogos, descobriram que a duração do ano era de 365 dias e um quarto e o dividiram em doze meses, de trinta dias cada, com mais cinco dias excedentes.

Foram os geniais gregos que aperfeiçoaram a Ciência Astrológica e, dois séculos antes da nossa era, levantavam horóscopos genetlíacos exatamente como os levantamos hoje. Criaram o zodíaco intelectual, com doze signos de trinta dias, ou trinta graus cada, e aos cinco dias restantes deram o nome de epagômenos. Delimitaram a faixa zodiacal celeste, sendo que os primeiros passos para isso foram dados pelo grande filósofo Anaximandro e por Cleostratus. Outro filósofo, de nome Eudoxos, ocupou-se de um processo chamado *catasterismo*, identificando as estrelas com os deuses. Plutão associou o Sol a um deus composto, Apolo-Hélios, e criou um sistema de teologia astral. Hiparcus, um dos maiores gregos de todos os tempos, foi apologista fervoroso do poder dos astros, e epicuristas e estóicos, que compunham as duas mais poderosas frentes filosóficas que o homem jamais conheceu, dividiam suas opiniões; enquanto os epicuristas rejeitavam a Astrologia, os estóicos a defendiam ardentemente e cultivavam a teoria da *simpatia universal*, ligando o pequeno mundo do homem, o microcosmo, ao grande mundo da natureza, o macrocosmo.

Os antigos romanos relutaram em aceitar a ciência dos astros, pois tinham seus próprios deuses e processos divinatórios. Cícero repeliu-a, mas Nigidius Figulus, o homem mais culto de sua época, defendeu-a com ardor. Com o Império ela triunfou e César Augusto foi um dos seus principais adeptos. Com o domínio do cristianismo perdeu sua característica de conhecimento sagrado, para manter-se apenas como arte divinal, pois os cristãos opunham a vontade do Criador ao determinismo das estrelas. Esqueceram-se, talvez, que foi o Criador quem fez essas mesmas estrelas e, segundo o Gênese, cap. 1, vers. 14, ao criá-las, disse:

"...e que sejam elas para sinais e para tempos determinados..."

Nos tempos de Carlos Magno, a Astrologia se espalhou por toda a Europa. Mais tarde, os invasores árabes reforçaram a cultura européia e a Ciência Astronômica e Astrológica ao divulgarem duas obras de Ptolomeu, o Almagesto e o Tetrabiblos. Na Idade Média ela se manteve poderosa e nem mesmo o advento da Reforma conseguiu prejudicá-la, sendo que dois brilhantes astrônomos dessa época, Ticho Brahe e Kepler, eram, também, eminentes astrólogos.

Hoje a Ciência Astrológica é mundialmente conhecida e, embora negada por uns, tem o respeito da maioria. Inúmeros tratados, onde competentes intelectuais estabelecem bases racionais e milhares de livros, revistas e almanaques populares são publicados anualmente e exemplares são permutados entre todos os países. Gradualmente ela vem sendo despida de suas características de adivinhação e superstição, para ser considerada em seu justo e elevado valor, pois é um ramo de conhecimento tão respeitável quanto a Psicologia, a Psicanálise, a Psiquiatria ou a Parapsicologia, que estudam e classificam os fenômenos sem testes de laboratório e sem instrumentos de física, empregando, apenas, a análise e a observação.

Os cientistas de nossa avançada era astrofísica e espacial já descobriram que, quando há protuberâncias no equador solar ou explodem bolhas gigantescas em nosso astro central, aqui, na Terra, em conseqüência dessas bolhas e explosões, seres humanos sofrem ataques apopléticos ou são vitimados por embolias; isto acontece porque a Terra é bombardeada por uma violenta tempestade de elétrons e ondas curtas, da natureza dos Raios Roentgen, que emanam das crateras deixadas por essas convulsões solares e que causam, nos homens, perturbações que podem ser medidas por aparelhos de física e que provocam os espasmos arteriais, aumentando a mortalidade. Usando-se um microscópio eletrônico, pode-se ver a trajetória vertiginosa dos elétrons, atravessando o tecido nervoso de um ser humano; pode-se, também, interromper essa trajetória usando campos magnéticos. Raios cósmicos, provindos de desconhecidos pontos do Universo, viajando à velocidade de 300 000 quilômetros por segundo e tendo um comprimento de onda de um trilionésimo de milímetro, caem como chuva ininterrupta sobre a Terra, varando nossa atmosfera e atravessando paredes de concreto e de aço com a mesma facilidade com que penetram em nossa caixa craniana e atingem nosso cérebro. Observações provaram que a Lua influencia as marés, o fluxo menstrual das mulheres, o nascimento das crianças e animais, a germinação das plantas e provoca reações em determinados tipos de doentes mentais.

É difícil, portanto, admitir esses fatos e, ao mesmo tempo, negar que os astros possam emitir vibrações e criar campos magnéticos que agem sobre as criaturas humanas; é, também, difícil negar que a Astrologia tem meios para proporcionar o conhecimento do temperamento, caráter e conseqüente comportamento do homem, justamente baseando-se nos fenômenos cósmicos e nos efeitos magnéticos dos planetas e estrelas. Um cético poderá observar que está pronto a considerar que é possível classificar, com acerto, as criaturas dentro de doze signos astrológicos mas que acha absurdo prever o destino por meio dos astros. Objetamos, então, que o destino de uma pessoa resulta de uma série de fatores, sendo que os mais importantes, depois do seu caráter e temperamento, são o seu comportamento e as suas atitudes mentais. Pode-se, por conseguinte, com conhecimentos profundos da Astrologia, prever muitos acontecimentos, com a mesma base científica que tem o psiquiatra, que pode adivinhar o que acontecerá a um doente que tem mania de suicídio, se o deixarem a sós, em um momento de depressão, com uma arma carregada.

Muitos charlatães têm a vaga noção de que Sagitário é um cavalinho com tronco de homem e Capricórnio é um signo que tem o desenho engraçado de uma cabra com rabinho de peixe. Utilizando esse "profundo" conhecimento, fazem predições em revistas e jornais, com razoável êxito financeiro. Outros "astrólogos", mais alfabetizados, decoram as induções básicas dos planetas e dos signos e depois, entusiasmados, fazem horóscopos e previsões de acontecimentos que não se realizam: desse modo, colocam a Astrologia em descrédito, da mesma forma que seria ridícula a Astronáutica se muitos ignorantes se metessem a construir espaçonaves em seus quintais. Devem todos, pois, fugir desses mistificadores como fugiriam de alguém que dissesse ser médico sem antes ter feito os estudos necessários. Os horóscopos só devem ser levantados por quem tem conhecimento e capacidade e só devem ser acatadas publicações endossadas por nomes respeitáveis ou por organizações de reconhecido valor, que se imponham por uma tradição de seriedade e rigor.

A Astrologia não é um negócio, é uma Ciência; Ciência capaz de indicar as nossas reais possibilidades e acusar as falhas que nos impedem de realizar nossos desejos e os objetivos da nossa personalidade; capaz de nos ajudar na educação e orientação das crianças de modo a que sejam aproveitadas, ao máximo, as positivas induções do signo presente no momento natal; que pode apontar quais os pontos fracos do nosso corpo, auxiliando-nos a preservar a saúde; essa ciência nos mostrará as afinidades e hostilidades existentes entre os doze tipos zodiacais de modo que possamos ter felicidade no lar, prosperidade nos negócios, alegria com os amigos e relações harmônicas com todos os nossos semelhantes. As estrelas, enfim, nos desvendarão seus mistérios e nos ensinarão a solucionar os transcendentes problemas do homem e do seu destino, dando-nos a chave de ouro que abrirá as portas para uma vida feliz e harmônica, onde conheceremos mais vitórias do que derrotas.

Bel-Adar

O ZODÍACO

O zodíaco é uma zona circular cuja eclíptica ocupa o centro. É o caminho que o Sol parece percorrer em um ano e nela estão colocadas as constelações chamadas zodiacais que correspondem, astrologicamente, aos doze signos. O ano solar (astronômico) e intelectual (astrológico) tem início em 21 de março, quando o Sol atinge, aparentemente, o zero grau de Áries, no equinócio vernal, que corresponde, em nossa latitude, à entrada do outono. Atualmente, em virtude da precessão dos equinócios, os signos não correspondem à posição das constelações, somente havendo perfeita concordância entre uns e outros a cada 25 800 anos, o que não altera, em nada, a influência cósmica dos grupos estelares em relação ao zodíaco astrológico.

Em Astrologia, o círculo zodiacal tem 360 graus e está dividido em doze Casas iguais, de 30 graus cada. Não há, historicamente, certeza de sua origem. Nos monumentos antigos da Índia e do Egito foram encontrados vários zodíacos, sendo os mais célebres o de Denderah e os dos templos de Esné e Palmira. Provavelmente a Babilônia foi seu berço e tudo indica que as figuras que o compunham, primitivamente, foram elaboradas com os desenhos das estrelas que compõem as constelações, associados a certos traços que formam o substrato dos alfabetos assírio-babilônicos.

Cosmicamente, o zodíaco representa o homem arquetípico, contendo: o binário masculino-feminino, constituído pela polaridade *positivo-negativa* dos signos; o ternário rítmico da dinâmica universal, ou seja, os ritmos *cardinal, fixo e mutável;* o quaternário, que representa os dois aspectos da matéria, cinético e estático, que se traduzem por *calor e frio — umidade e secura*. Este quaternário é encontrado nas forças fundamentais — *radiante, expansiva, fluente e coesiva* — e em seus quatro estados de materialização elementar: *fogo, ar, água* e *terra*.

Na Cabala vemos que Kjokmah, o segundo dos três principais Sephirot, cujo nome divino é Jehovah, tem como símbolo a *linha*, e seu Chakra mundano, ou representação material, é Mazloth, o Zodíaco. Também a Cabala nos ensina que Kether, o primeiro e supremo Sephirah cujo Chakra mundano é "Primeiro Movimento", tem, entre outros, o seguinte título, segundo o texto yetzirático: *Ponto Primordial*. Segundo a definição euclidiana, o ponto tem posição, mas não possui dimensão; estendendo-se, porém, ele produz a linha. Kether, portanto, é o Ponto Primordial, o princípio de todas as coisas, a fonte de energia não manifestada, que se estende e se materializa em Mazloth, o Zodíaco, cabalisticamente chamado de "O Grande Estimulador do Universo" e misticamente considerado como Adam Kadmon, o primeiro homem.

Pode-se, então, reconhecer a profunda e transcendente importância da Astrologia quando vemos no Zodíaco o Adam Kadmon, o homem arquetípico, que se alimenta espiritualmente através do cordão umbilical que o une ao logos e que está harmonicamente adaptado ao equilíbrio universal pelas leis de Polaridade e Ritmo expressas nos doze signos.

TOURO

Touro é a segunda constelação zodiacal e corresponde ao segundo signo astrológico, governando o período que vai de 21 de abril a 20 de maio. Tem como figura simbólica um touro e sua palavra-chave é PRODUTIVIDADE. Enquanto o signo de Áries pode ser definido como o primeiro estágio de Adão, o homem recémcriado, encontramos em Touro a representação da Terra como local de exílio, onde Adão, expulso do Éden, foi condenado a viver, extraindo dela o seu sustento e regando-a com o seu suor e o seu sangue.

De acordo com a Cabala Mística, o regente divino de Touro é Asmodel e na Magia Teúrgica a ordem dos anjos que lhe corresponde é a dos Querubins. Nos mistérios da Ordem Rosa-Cruz descobrimos que as letras I.N.R.I., colocadas no madeiro em que Jesus foi crucificado, indicam os quatro elementos, em língua hebraica, representados por suas iniciais: *Iam*, água — *Nour*, fogo — *Ruach*, espírito ou ar vital — *Iabeshab*, terra.

A terra, portanto, elemento a que pertence o Touro, é simbolizada pelo I, quarta letra da Cruz.

Sendo um signo de terra, nos quatro planos da Vida, ele está identificado com o Plano Físico. Na magia Teúrgica descobrimos que ele é dominado pelos Gnomos, misteriosas criaturas que vivem no mundo subterrâneo. Nas palavras da oração máxima, de invocação dos Gnomos, vemos bem o místico destino dos taurinos, que amam a terra, mas estão saudosos do Éden perdido:

> "Invisível, que tomastes a terra por apoio e que abristes os abismos para enchê-los com vosso poder, vós, cujo nome faz tremer as abóbadas do mundo, vós, que fazeis correr os sete metais nas veias da terra, monarca das sete luzes, remunerador dos operários subterrâneos, trazei-nos ao ar desejável e ao reino da claridade."

NATUREZA CÓSMICA DE TOURO

O elemento terra

O jardim edênico era bem diferente da terra que foi dada ao homem, para que se cumprisse o castigo divino. Adão e sua companheira, ao serem expulsos do paraíso, foram condenados a viver e multiplicar-se em meio a dores e trabalhos; tudo deveria custar-lhes penoso esforço, mas sua luta seria compensada e os frutos obtidos assemelhar-se-iam aos do Éden perdido. É assim que a terra, no signo de Touro, deve ser encarada, como meio fecundo e grato, onde a cada semente plantada corresponderá uma flor, um fruto, uma alegria ou um sorriso de gratidão. O homem, felizmente, conseguiu quase transformar seu castigo em um prêmio, pois não há nada comparável à satisfação da criatura que, embora cansada de trabalhar, tem a fortuna de ver-se perpetuada em seus filhos e em suas obras.

É em virtude dessas condições que os taurinos sentem tão grande amor por seus filhos, sua família e suas posses materiais. É este setor zodiacal que governa as coisas fundamentais da matéria, pois ele é regido por Vênus, não só a Vênus-Afrodite, senhora da emoção, da graça e da beleza, mas, também, a Vênus-Ferônia, a deusa sabina da fertilidade da terra, que simboliza a natureza fecunda.

O signo de Touro, por suas condições cósmicas, imprime forte resistência em seus nativos, dotando-os de grande energia física e inclinando-os ao trabalho constante e produtivo. Proporciona desenvolvida tendência aquisitiva, que raramente chega à avareza. Dá profundo amor à família, às propriedades e aos bens materiais, raramente inclinando ao ascetismo e às preocupações filosóficas ou metafísicas. Os taurinos vivem para si, para os seus e para suas coisas; às vezes limitam-se demasiadamente ao seu círculo de ambições, esquecendo-se que este signo proporciona grande sensibilidade e extrema inteligência, qualidades estas que os tornam aptos para as mais difíceis tarefas e as mais brilhantes realizações.

É necessário que os nativos de Touro aproveitem bem todas as induções do seu signo para que possam concretizar, com pleno êxito, todos os seus sonhos e projetos, pois, como são generosos e gregários, o seu progresso sempre redundará em benefício de muitos outros. É bom, porém, não esquecer que o desenvolvimento espiritual é tarefa muito importante e que também lhes cabe uma boa parcela nessa obra. Iluminado por sua alfa, a estrela Aldebarã, o signo de Touro é a Casa do Homem na Terra, mas, como tudo na Terra, essa casa também tem qualidade transitória e seu aluguel não pode ser pago com bens materiais.

Vibração

Touro é um signo de natureza estática e seu movimento vibratório é lento, constante e inflexível, o que torna seus nativos prudentes, reflexivos, laboriosos e perseverantes em seus esforços. Seus tipos inferiores são muito próximos à terra, lentos e pesados no andar e no falar, possuindo vocabulário pobre e inteligência curta.

Como Casa sucedente do zodíaco, este signo tem o trabalho de realização indispensável ao progresso e à evolução, tanto dos seus nativos como dos demais tipos astrológicos. Os taurinos têm grande senso de organização e tanto estão capacitados para construir como para conservar. Pela vibração lenta de Touro, os seus nativos também são calmos na ação e no pensamento, excetuando os que nascem entre 30 de abril e 9 de maio, período este que recebe a influência participante de Mercúrio, que vem trazer maior agilidade, mobilidade e inquietude.

Este é um setor de complementação e os que nascem sob sua influência são trabalhadores incansáveis, às vezes até exagerados em seus esforços. Sentem a vontade insopitável de construir, amealhar e multiplicar, como se estivessem plenamente conscientes de que devem extrair o máximo proveito de todas as coisas que estão na Terra. Os tipos negativos, comodistas e preguiçosos em excesso, sentem essa mesma necessidade de possuir as coisas, e para obtê-las, em vez de trabalhar, recorrem a meios desonestos.

Polaridade

O signo de Touro tem polaridade negativa, ou feminina. Tudo contém dois pólos, o ativo e o passivo, um manifesto e outro dormente e, em Astrologia, masculino e feminino, positivo e negativo são termos que, quando empregados em relação aos signos, não indicam sexo, debilidade ou exaltação, mas identificam o pólo que está em ação. Os adjetivos positivo e negativo, quando usados em relação aos indivíduos, referem-se à sua qualidade moral.

Os signos que têm em vibração o pólo negativo têm a função de captar, ordenar e complementar. É o que acontece com Touro e com seus nativos, que realizam, de modo lento, porém seguro, as obras que outros idealizaram mas que não tiveram persistência para realizar.

Este signo freqüentemente proporciona grande inteligência e sensibilidade e seus nativos poderão adquirir fortuna e prestígio tanto nas artes como nas leis ou na ciência. No caso das artes, elas serão quase sempre interpretativas e raramente criadoras. Na literatura, os taurinos produzirão obras extremamente populares tendo o amor ou o dinheiro como tema central. Nas leis, destacar-se-ão nos assuntos relacionados com terras, herança, família e legislação de trabalho. Seu sistema de ação será de acordo com a constante rítmica, e a intensidade vibratória deste signo é calma, lenta, porém incansável. Seu sistema de trabalho terá a característica passiva do Touro; igualmente lento e calmo, sempre na defensiva, atacando apenas em casos extremos.

A polaridade feminina deste signo, nos tipos mais fracos, inclina à obediência, à submissão e à servidão. Nos tipos negativos ou inferiores, proporciona submissão aparente, mas, interiormente, dá resistência surda, cólera silenciosa e rancor obstinado, que dificilmente permitem o esquecimento de qualquer ofensa.

Ritmo

O ritmo de Touro é estável e sua natureza é fixa, determinada, conservadora e construtiva. Sabe-se que, na harmonia universal, o ritmo se divide em três manifestações: ele é evolutivo no tempo, formativo no espaço e cinético no movimento. Os setores zodiacais que, como o Touro, têm ritmo estável, fazem com que seus nativos caminhem lenta, porém seguramente, procurando sempre harmonizar-se com as leis cósmicas de evolução, formação e movimento.

O taurino, portanto, nunca é ousado ou age por impulsos. É prudente, reflexivo e quase sempre escolhe caminhos que já tenham sido traçados e percorridos por outros. Obedece às leis e regras, pois sabe que, respeitando-as, alcançará com segurança o alvo ambicionado. Não se deixa levar por excentricidades e só aprecia as coisas bem conhecidas, comprovadas e aprovadas. Pode-se dizer que para os taurinos a trilha da perfeição é o respeito ao decálogo de Moisés: Não matarás... não roubarás...

Nos tipos inferiores proporcionados por Touro, a qualidade estável deste signo indica mente grosseira, teimosia e materialismo; estes taurinos agarram-se com espantosa tenacidade somente às coisas materiais relativas à alimentação, sexo, conservação e defesa.

Fertilidade

O signo de Touro é de grande fecundidade, e influencia a multiplicação das espécies. O signo de Câncer, dominado pela Lua, também tem iguais atribuições. Enquanto, porém, sob o místico influxo lunar, todas as formas de vida, úteis ou inúteis, agradáveis ou repulsivas, crescem e se multiplicam e o mundo terrestre, aquático e subterrâneo, palpita e vibra na ânsia de eternizar-se em sua descendência, a fecundidade em Touro, sob a amorosa e sensível regência venusiana, está restrita aos homens e aos vegetais e animais, úteis ou belos e, numa escala superior, às obras da sensibilidade e da inteligência.

Os taurinos poderão ter vários filhos, os quais amarão com ternura. Esta irradiação combinada de Vênus com Touro determina amor à família, tanto aos ascendentes como ao cônjuge e aos descendentes. Seus nativos estão sempre prontos a lutar em defesa dos seus, mas raramente lutam pelos outros. Só interferem na política quando julgam ameaçada a segurança da coletividade em geral e, portanto, a dos seus em particular. Sendo este um signo de paz, os taurinos só admitem a guerra para resguardar sua pátria, sua família e seus bens, pois são avessos à destruição de criaturas, propriedades, plantas e animais.

Talvez em subconsciente obediência ao primitivo sistema tribal, os nativos de Touro sempre respeitam as pessoas mais idosas e sempre se submetem ao domínio de seus progenitores. As exceções existem, mas são raras e, mesmo já em idade adulta, os taurinos sentem-se como adolescentes quando são repreendidos por seus pais e, embora possam revoltar-se intimamente contra eles, quase nunca exteriorizam seus sentimentos.

A fecundidade deste signo faz com que seus nativos do tipo positivo tenham aquilo que vulgarmente se chama "mão boa" e ao seu toque tudo parece frutificar e prosperar. Esta fertilidade também se relaciona com as obras da mente; quando a atividade dos que nascem neste signo se desvia para o campo intelectual, o resultado é sempre brilhante, conforme comprova o rico e fecundo trabalho literário do taurino Balzac.

Figura simbólica

Touro tem como figura simbólica um touro e, por essa razão, é considerado como signo animal. Freqüentemente, os signos representados por animais, como Capricórnio e Áries, proporcionam pouca beleza física. O taurino tem mais sorte, pois Vênus, o benéfico regente deste setor zodiacal, pode produzir tipos de extraordinária beleza e intenso magnetismo, como Ema Lyona, taurina filha de um ferreiro, que se tornou Lady Hamilton e por sua invulgar formosura foi apelidada de "divina dama".

O zootipo superior deste signo é o touro, símbolo do magnetismo e vigor sexual, animal belo e perfeito, divinizado por inúmeras religiões antigas; seu zootipo inferior é o boi, lento, bronco e laborioso, mas também identificado com a fortuna e a prosperidade. A figura animal de Touro, combinada à influência venusiana, pode determinar, aos taurinos, demasiada inclinação aos prazeres amorosos, ao conforto, à boa mesa e ao dinheiro. Para muitos deles, a visão de uma carteira recheada é mais agradável do que o quadro de um mestre e um bom pernil assado ou uma cesta cheia de frutas lhes parece um ornamento mais belo do que uma jóia ou um perfumado ramo de flores.

Como signo animal, Touro determina grande vitalidade. Age sobre a forma e a estrutura e funciona como agente principal da energia coesiva representada pelo elemento terra. Em bom aspecto este signo determina uma estrutura óssea das mais perfeitas; em condições cosmicamente desarmônicas pode proporcionar anomalias ósseas, calcificação e crescimento defeituoso.

Marte em Touro

O planeta Marte encontra seu exílio neste signo, pois, embora sua influência também esteja ligada ao vigor sexual, sua vibração agressiva e destruidora não agrada ao potente, porém pacífico, Touro. Por essa razão, os taurinos não são audaciosos ou rudes; sua cólera não é explosiva e fácil, mas, sim, lenta e rancorosa; embora teimosos e obstinados, não apreciam a violência, agindo de acordo com as vibrações das estrelas de Touro, que é, essencialmente, um signo de paz e conservação.

Lua em Touro

A Lua encontra sua exaltação no signo de Touro. O nosso misterioso satélite, que regula o nascimento das criaturas e a respiração dos oceanos, encontra neste fecundo setor zodiacal a vibração mais adequada para o seu divino trabalho de germinação e multiplicação. A exaltação lunar também pode proporcionar aos taurinos, além de rara sensibilidade artística, faculdades mediúnicas muito desenvolvidas, principalmente relacionadas com a intuição e a magia das plantas e das águas.

Urano em Touro

Urano, o planeta da evolução e da modificação, debilita-se neste signo. As estrelas de Touro não oferecem campo magnético favorável às inovadoras, audaciosas e não-convencionais vibrações uranianas. Como Touro é hostil às mudanças e transformações sociais, econômicas, morais e religiosas, Urano não encontra ambiente propício para exercer sua influência, sua força cósmica diminui notavelmente e os taurinos dificilmente se inclinam às atividades ou profissões dominadas por ele.

Síntese Cósmica

Os signos de terra geralmente dão fundas raízes a seus nativos, fazendo com que eles tenham uma espantosa capacidade para fixar-se, adaptar-se, fazer crescer e multiplicar o que quer que tenham em mãos. Em Touro essa qualidade se acentua de modo extraordinário, em virtude da marca que lhe foi imposta ao ser escolhido como a Casa do Homem.

Touro, juntamente com três outros signos fixos, Leão, Escorpião e Aquário, forma a misteriosa Cruz do Mundo, marcando o meio das estações e representando o período de equilíbrio e absorção que existe entre o começo e o fim de todas as coisas. Estes quatro signos estão representados na Esfinge, que tem corpo de touro (Touro), garras de leão (Leão), cauda de serpente (Escorpião) e cabeça humana (Aquário).

Os nativos destes quatro signos, por mais longo que seja o seu caminho evolutivo, um dia terão que se desligar da preocupação com o "*eu*" e integrar-se na humanidade, pois em suas mãos está a chave dos mistérios e em seus ombros repousa o peso da "cruz do mundo".

O TAURINO

Como identificar um taurino

Estudioso
Lento ao mover-se
Teimoso
Símbolo: o touro
Planeta regente: Vênus
Casa natural: segunda, relativa ao dinheiro
Elemento: terra
Qualidade: fixa
Regiões do corpo: garganta, pescoço, cordas vocais
Pedra preciosa: esmeralda
Cor: verde
Flor: violeta
Frase-chave: eu tenho
Palavra-chave: produtividade
Traços da personalidade: paciente, confiante, ciumento, amante do prazer, estável, confiável, preguiçoso, prático, planejador, determinado, tem muito senso comum

Países: Austrália, Holanda, Irlanda

Coisas comuns regidas por Touro: dinheiro, cobre, cultura, trabalho artístico, bolsa, banco, gado, lírio, espinafre, porco, roda

O conservador

O signo de Touro representa a força natural de resistência, repressão e coesão que faculta o aperfeiçoamento da forma e da estrutura e o prolongamento da vida. O taurino é possuído por fortes instintos que determinam, fisiológica e socialmente, a conservação e reprodução da espécie; nutrição, sexualidade, defesa, ordem, laboriosidade e poder aquisitivo. Ele cuida, conserva e protege, tanto sua família como suas propriedades e seus pensamentos e idéias. Desdenha as inovações, transformações ou revoluções, pois elas são os inimigos naturais da estabilidade, embora sejam, também, os agentes indispensáveis a qualquer forma de evolução.

Embora emotivos e sensíveis, os nativos de Touro são, geralmente, mais práticos do que idealistas. Não sacrificam o seu bem-estar e o de sua família em benefício de nenhuma causa, por mais nobre que ela possa ser. Defendem antes a si e aos seus, para depois erguerem-se em defesa de outrem. Estas tendências não podem ser encaradas como decorrentes de egoísmo ou insensibilidade; são apenas o reflexo sincero da natureza do taurino que vê na família, ascendentes e descendentes, o reflexo de seu próprio valor individual, como se fosse um ponto estático, no espaço, intimamente ligado ao ontem e ao hoje, ao passado e ao futuro.

Devemos entender e dar o devido reconhecimento às valiosas induções de Touro; ele é o signo que proporciona segurança e estabilidade; é ele que faz com que o homem procure fazer da Terra um lar seguro, onde possa envelhecer tranqüilamente e criar sua descendência na fartura e na paz. Se vivêssemos num mundo dominado apenas por signos de fogo e ar estaríamos encerrados numa turbulenta arena de guerras, transformações, revoluções e experiências sociais e científicas, onde nada germinaria e criaria raízes. Embora calor e atmosfera sejam necessários para a vida neste planeta, não devemos esquecer que ele é formado, essencialmente, de terra e água. Portanto, enquanto fogo e ar determinam que seus nativos exerçam um papel preponderante na evolução espiritual da humanidade, os nativos dos signos de terra e água têm uma tarefa fundamental na conservação da estrutura material de todas as conquistas humanas.

O passado e o futuro

A hierarquia familiar é sagrada para os taurinos, que não conseguem se libertar completamente da influência dos pais, irmãos e parentes mais velhos e estão mais prontos a ouvir um mau conselho de alguém da família do que uma boa sugestão de um amigo.

A linha de sua ascendência representa sua ligação com o passado e este apego ao clã vem de seu instintivo amor e respeito aos que são do seu sangue. A família, para eles, ainda tem o mesmo significado que tinha para os membros dos clãs primitivos, que buscavam segurança mantendo-se unidos; a ofensa a um dos componentes da tribo levantava toda a comunidade em sua defesa e se as propriedades eram comuns, as brigas e questões também o eram. No mundo moderno, onde a organização social se constitui no natural órgão de defesa dos direitos de cada um, essa dependência que o taurino sofre em relação aos seus pais, tios e irmãos, pode ser muito prejudicial, impedindo-o de realizar tudo aquilo que pode e deve fazer.

O futuro, para os taurinos, está parcialmente encerrado em seu trabalho e principalmente encarnado em seus descendentes. O instinto reprodutor apresenta-se sempre muito desenvolvido. Como quase todos os nativos deste signo nascem no seio de famílias grandes, sentem, ainda, patriarcal prazer de sentar-se à cabeceira de uma grande e farta mesa, rodeados por muitos filhos e parentes. Esse instinto reprodutor não se condiciona somente à sua descendência. Os taurinos têm grande amor pelas crianças, em geral, e pelas plantas e pelos animais. Mesmo que vivam em cidades, apreciam a vida campestre onde podem ver a Natureza em seu eterno trabalho de fecundação e reprodução, pois, para eles, o futuro também está na terra arada e pronta para receber a semente que amanhã irá germinar e frutificar.

O poder mental

A inteligência dos taurinos é uma das mais peculiares entre todas as que os diversos tipos zodiacais possuem. Os nativos deste signo extraem profundos ensinamentos das experiências alheias e também das próprias; acumulam impressões e sensações, analisam-nas, dissecam-nas e depois fazem das conclusões obtidas um útil e valioso guia. Embora enxerguem com rapidez os erros alheios, estão sempre dispostos a desculpar as próprias falhas. Intimamente, têm grande tendência para criticar, aconselhar e reformar os outros, mas como não gostam de imiscuir-se na vida alheia quase nunca externam suas opiniões, preferindo guardá-las para si mesmos ou revelá-las apenas às pessoas mais íntimas.

O signo de Touro proporciona ação lenta e o processo mental de seus nativos é igualmente moroso. Os taurinos quase nunca tomam decisões rápidas e às vezes levam meses ou anos estudando algo importante que desejam fazer; embora esse algo possa transformar beneficamente sua vida, preferem agüentar situações insatisfatórias a resolver rapidamente o problema. Da mesma forma que o animal que serve de símbolo a este signo, eles também "ruminam" seus pensamentos, projetos e idéias antes de colocá-los em prática.

Muitos taurinos possuem inteligência viva e brilhante, especialmente os nascidos entre 30 de abril e 9 de maio, decanato influenciado pelo ágil Mercúrio; não obstante, embora rápidos para fazer uma crítica ou solucionar, teoricamente, qualquer problema, são lentos na elaboração de seus projetos particulares. Essa lentidão não passa de um recurso de seu subconsciente, uma defesa determinada pelo horror que sentem às mudanças e transformações. Qualquer interferência estranha os desagrada e só estão prontos a aceitar uma novidade quando a idéia é exclusivamente sua.

Embora Touro seja um signo de trabalho, os taurinos sentem forte inclinação para uma vida cômoda e confortável. São tranqüilos, às vezes um pouco preguiçosos e não lhes agrada o peso das grandes responsabilidades. Quando, porém, empreendem qualquer tarefa são incansáveis, esforçados e entusiastas. Nunca recusam qualquer espécie de trabalho... o difícil é fazê-los começar; uma vez em ação, dificilmente desistem e demonstram, então, toda a energia e toda a potência mental que as estrelas de Touro podem proporcionar.

A mulher de Touro

Todas as coisas ditas sobre o signo de Touro aplicam-se tanto aos homens como às mulheres nascidas sob sua influência. Cumpre ressaltar, porém, que as taurinas são mais emotivas, sensíveis e amáveis do que os nativos deste signo. São intuitivas, possuindo "faro" certeiro para analisar as outras pessoas. Estão sempre atentas, em defesa dos filhos, do cônjuge e da tranqüilidade doméstica e, apesar de muito amorosas, têm a mesma teimosia e obstinação que caracterizam os homens deste setor zodiacal.

As taurinas são muito vaidosas e se preocupam bastante com sua aparência física. Todavia, apesar dessa vaidade e do amor aos adornos e às aparências, são extremamente simples, como Lady Hamilton, a formosa "divina dama", que freqüentemente traía sua origem plebéia, porque se enfadava com a rígida etiqueta da Corte. Comumente, as taurinas são extraordinariamente afetivas e dedicadas. Seu instinto maternal é fortemente desenvolvido e sempre se preocupam com os pobres, os fracos, os doentes e as crianças. Enquanto Lady Hamilton define bem a mulher de Touro, como tipo de beleza, há dois exemplos que melhor ainda definem a grandeza da taurina: Florence Nightingale, nascida em 12 de maio de 1820, que foi a criadora da abnegada profissão de enfermeira e era chamada "o anjo branco", e Eva Perón, nascida a 7 de maio de 1919, chamada carinhosamente de "Evita" pelo povo argentino, que tanto deveu às suas obras sociais. Por este signo ser o setor zodiacal onde a Lua encontra sua exaltação, suas nativas podem ter estranha receptividade aos raios lunares. Podem sentir forte irritação ou nervosismo, ou mesmo ter enxaquecas, manifestações alérgicas ou perturbações menstruais nas épocas das grandes luas, Nova e Cheia. Também podem ter faculdades mediúnicas ou acentuadas tendências místicas, como Florence Nightingale que disse ter ouvido uma voz celeste que a incentivava a dedicar-se aos doentes.

A prudência

A prudência é própria dos taurinos. Antes de iniciarem qualquer projeto, meditam sobre ele longo tempo, estudando todos os seus ângulos e analisando todas as probabilidades, favoráveis e desfavoráveis. A excessiva cautela pode produzir o medo; ela é, também, a mãe da timidez.

Pensar, refletir, meditar e pesar probabilidades é meio excelente de evitar fracassos, mas a prudência excessiva também pode trazer prejuízo; os taurinos, quando demasiadamente cautelosos, estão sujeitos a perder brilhantes oportunidades, apenas porque são demasiadamente lentos para tomar qualquer resolução.

A timidez é um dos grandes males deste signo, podendo refletir-se morbidamente na personalidade dos taurinos, fazendo com que eles se encastelem atrás dos muros do silêncio e do retraimento. Podem, por cautela e timidez, perder grandes negócios, deixar de travar novas amizades ou deixar de procurar pessoas de projeção financeira, social ou política, que muito poderiam ajudá-los. Inconscientemente, reconhecem essa debilidade e isso os torna, muitas vezes, irritáveis e agressivos, pois, encolerizando-se consigo mesmos, derramam a raiva sobre os outros.

Não devemos esquecer que a prudência pode ser um disfarce para o medo de enfrentar o desconhecido. Os taurinos devem adquirir plena consciência de seu próprio valor, pois possuem as qualidades necessárias para vencer e realizar todos os seus sonhos e projetos.

O bezerro de ouro

Mercúrio, o ágil e vibrátil protetor das letras e do comércio, e o frio e nevoento Saturno, o usurário cósmico que tudo reprime, restringe e condensa participam da regência de Touro. Por influência desses dois planetas os taurinos amam o dinheiro, têm grande senso prático, dificilmente trabalham por idealismo e geralmente subordinam todas as suas atividades a algo que possa trazer rendimento, financeiro ou social.

Vênus não sabe ganhar dinheiro, mas sabe gastá-lo. Mercúrio proporciona grande habilidade para negociar mas também inclina ao jogo, o que sempre traz mais prejuízo do que lucro. Saturno é financista emérito e tanto sabe ganhar como multiplicar os lucros. O elemento terra também proporciona instinto aquisitivo e é por sua influência, combinada com a irradiação saturnina, que os taurinos gostam de ganhar dinheiro e geralmente o empregam bem, comprando casas, terras e propriedades para si e para os seus. Existem, porém, alguns taurinos que fogem a essa regra; entre eles estão os que não hesitam em fazer os maiores sacrifícios, apenas para comer e vestir-se com luxo, procurando acompanhar a moda, inclinando-se ao convívio com pessoas de posição superior, filando jantares e parasitando ao redor da mesa e do guarda-roupa dos mais privilegiados; existem, também, aqueles que, para ganhar dinheiro, não hesitam em recorrer ao roubo ou à fraude, o que em Touro é nota desconcertante, pois a honestidade é própria de quase todo o taurino; existem, ainda, os egoístas e usurários, que também, felizmente, são raros, pois os nativos do Touro geralmente são generosos e bondosos.

Influenciados pelos planetas que governam a triplicidade da terra, e condicionados pelas vibrações das estrelas de seu nascimento, os nativos de Touro sempre preferem os empreendimentos que trazem lucro certo e constante, desconfiando das empresas que podem trazer riqueza súbita. Naturais de um signo de terra, gostam das coisas que se desenvolvem lentamente, sabendo que assim elas criam raízes fortes e seguras. Mesmo que sejam descuidados em sua vida pessoal, são ordenados, metódicos e concentrados em seu trabalho. Por esta razão, quase sempre, mesmo tendo um penoso início de vida, conseguem construir uma sólida fortuna.

A teimosia

Os taurinos não gostam de conselhos, raramente admitem intromissões em sua vida particular e são teimosos, obstinados e dogmáticos. São amáveis no trato, mas exigentes e exclusivistas, magoando-se profundamente quando se julgam enganados ou quando alguém lhes dá menos atenção. Estão sempre dispostos a dar, de boa vontade, mas lutam como leões se alguém ameaça tirar-lhes algo à força.

São esplêndidos amigos, sempre hospitaleiros e amáveis. Como são extremamente fiéis e dedicados, ressentem-se terrivelmente quando são ofendidos e raramente perdoam; podem reatar relações, aparentemente cordiais, com o ofensor, mas a lembrança do acontecido permanecerá para sempre.

São muito sociáveis e alegres e seu mau humor é superficial, dissipando-se ante qualquer fato ou visita agradável. Sua cólera, porém, é perigosa e profunda, crescendo lentamente e finalmente explodindo com violência. Sua ira, porém, é ocasional e só acontece quando provocada; aí então, ele ataca cegamente, como o touro, quando alguém sacode diante de sua cabeça um pano vermelho.

Sendo um signo pacífico, Touro geralmente dá aos seus nativos uma índole amável e tolerante. Por puro comodismo, ou talvez por acentuada tendência pacifista, os taurinos toleram muitas situações inconvenientes ou, então, quando algo ou alguém os incomoda demasiadamente, preferem afastar-se a brigar. Sua teimosia, porém, os faz, muitas vezes, enfrentar desnecessariamente situações difíceis e até mesmo perigosas. Quando resolvem afastar-se de alguém, empreender uma tarefa, desfazer-se de um objeto ou abandonar um projeto, ninguém consegue fazê-los tomar uma decisão contrária e quanto mais aviso recebem mais se obstinam em sua atitude.

Os tipos inferiores de Touro, por essa teimosia induzida por seu signo, tornam-se imensamente perigosos, insociáveis e destrutivos. Quando resolvem prejudicar alguém, subordinam tudo a esse desejo, desdenhando até mesmo seu próprio conforto, bem-estar e segurança, ruminando surdamente seu ódio e perseguindo a vingança com a mesma lenta e inexorável persistência que colocam em todos os atos de sua vida.

Síntese

A principal e mais significativa qualidade do signo de Touro consiste em ser a Casa do Homem, isto é, o ambiente cósmico sob cujas influências se estabelece o meio favorável à manifestação das demais vibrações, de signos e planetas.

Os taurinos podem ser criaturas broncas, insensíveis e desapaixonadas, que trabalham silenciosa e incansavelmente, vivendo e reproduzindo-se apenas por instinto. Podem, também, ter as mais elevadas tendências artísticas e a mais refinada sensibilidade que só Vênus pode proporcionar. Por ser a Lua uma espécie de rainha deste signo, os taurinos poderão ter toda a sua mística e superior emotividade, e tanto poderão ter as brilhantes qualidades mercuriais como o impressionante e profundo intelecto saturnino.

Unindo seu poder mental às suas qualidades de perseverança, detalhe e ordem, os tipos superiores deste signo são capazes de realizar obras extraordinárias, em todos os campos da atividade humana.

O DESTINO

Antes mesmo do seu nascimento, o homem já começa a se integrar no concerto cósmico universal. Seus primeiros sete meses, três na condição embrionária e quatro na condição fetal, são as sete etapas formativas, no fim das quais está apto para nascer e sobreviver. Os dois últimos meses são dispensáveis, mas a Natureza, mãe amorosa e cautelosa, os exige e só os dispensa em casos extremos, pois a criaturinha que vai nascer necessita fortalecer-se e preparar-se para a grande luta que se iniciará no momento em que ela aspirar o primeiro hausto de ar vivificante.

Durante os nove meses de permanência no útero materno, de nove a dez signos evoluem no zodíaco solar. De modo indireto suas induções são registradas pelo sensível receptor que é o indivíduo que repousa, submerso, na água cálida que enche a placenta. É por essa razão que observamos, em tantas pessoas, detalhes de comportamento que não correspondem às determinações do seu signo natal; isto indica que elas possuem uma mente ágil e sensível e que estão aptas para se dedicar a múltiplas atividades.

Ao nascer, a criatura recebe a marca das estrelas que dominarão o seu céu astrológico e que determinarão o seu caráter, o seu temperamento e o seu tipo físico, além de dar-lhe um roteiro básico de vida. As vibrações percebidas durante a permanência no útero, por uma sutil química cósmica, são filtradas e quase totalmente adaptadas às irradiações das estrelas dominantes. As influências familiares e a posição social ou financeira dos progenitores nunca modificarão o indivíduo; apenas poderão facilitar ou restringir os meios que ele terá para objetivar sua personalidade e realizar, de modo positivo ou negativo, as induções do seu signo natal.

Alguém que, portanto, nascido entre 21 de abril e 20 de maio, provenha de família de rígidos princípios ou de moral relaxada, venha à luz numa suntuosa maternidade ou no canto de uma casa humilde, seja criado com carinho ou seja desprezado pelos seus, será sempre um taurino e terá o destino que Touro promete a seus nativos. Este destino será brilhante ou apagado, benéfico ou maléfico, de acordo com a qualidade e o grau de evolução de cada um.

Evolução material

O progresso dos nativos de Touro será sempre lento, porém seguro. Sua vida se dividirá em duas etapas bem distintas: a primeira, onde estarão sempre sujeitos à tutela de parentes ou pessoas mais velhas, e a segunda, onde agirão por conta própria. Na primeira etapa seu rendimento será pequeno e, a despeito de seus esforços, não conseguirão ganhar ou realizar aquilo que merecem. É na segunda fase que construirão sua fortuna, pois sua sorte será sempre maior quando agirem sozinhos. Touro promete prosperidade, conforto e até mesmo riqueza aos seus nativos, mas suas estrelas somente brilharão com intensidade completa quando estes se libertarem de todas as influências estranhas.

Mesmo que nasçam no seio de família abastada, os taurinos terão uma infância modesta ou retirada, fato este que tanto poderá ser determinado pela profissão de seu progenitor ou porque ambos, pai e mãe, apreciem uma vida operosa e simples. Os genitores dos taurinos serão alegres, amorosos e joviais e, embora um deles possa ter um temperamento estranho e dominador, os nativos de Touro sempre guardarão uma agradável recordação de sua infância, por mais vazia de atrativos que ela tenha sido. Em certos casos, por separação ou moléstia de um dos pais, os taurinos poderão passar parte de sua infância em casa de parentes, provavelmente no campo.

Nada de muito importante acontecerá nos primeiros anos de vida dos que nascem sob as estrelas de Touro, pois este período será passado sempre sob a tutela dos pais ou de parentes. A juventude também não promete acontecimentos notáveis, mas esta será a fase crítica da existência de todo taurino, pois nessa época sua personalidade começará a se objetivar positivamente. Durante esse período, os nativos de Touro definirão o curso de sua vida porque, uma vez encaminhados em qualquer carreira ou profissão, dificilmente se afastarão dela, seja por comodismo, seja por timidez, seja por não saberem aproveitar as oportunidades que poderão surgir no decurso de sua existência.

Antes de atingir os quarenta anos os taurinos poderão ter grande progresso em sua posição social e em sua situação financeira. Caso se libertem cedo da tutela moral de outras pessoas, mais cedo ainda conseguirão realizar-se. Como eles são perseverantes em seus esforços, tudo aquilo que fizerem dará frutos compensadores e o dinheiro se multiplicará em suas mãos.

Família

Conforme já foi verificado anteriormente, o taurino é excessivamente apegado à sua família, especialmente aos seus progenitores. Esse apego poderá ser a causa da timidez crônica que afligirá muitos nativos de Touro, que à força de tanto viverem agasalhados pelos seus familiares sentir-se-ão intimidados quando tiverem de enfrentar o mundo sozinhos.

Os pais dos que nascem sob o signo de Touro serão ciumentos e exclusivistas e seu domínio será mais afetivo do que coercitivo; para eles os filhos serão sempre crianças e os taurinos, mesmo já adultos, ver-se-ão sempre tratados como adolescentes por seus progenitores. A tutela materna ou paterna é benéfica, até certo ponto, podendo, quando excessiva, tornar-se prejudicial e, quando for chegado o momento de lutar para a definição de sua posição social ou financeira, o taurino terá que se libertar dessas influências a fim de que elas não entravem o seu progresso. Não queremos dizer com isso que deva existir menor amor ou respeito entre taurinos, seus pais e irmãos; o fato é que os nativos de Touro, pelas condições cósmicas de seu signo, só conseguirão realizar-se *sozinhos*.

A progenitora dos taurinos será, quase sempre, mulher enérgica e decidida e, por moléstia ou incompetência do cônjuge, ela poderá encarregar-se do sustento da família quando, então, dirigirá com mão forte a educação dos filhos.

Um dos irmãos dos taurinos poderá destacar-se por trabalhos artísticos, literários ou científicos. Não existirá grande harmonia entre eles e os nativos deste signo. As perturbações serão causadas por incompatibilidade de gênios, intrigas ou problemas financeiros.

Amor

No amor, o taurino é o protótipo do homem normal que procura no casamento não apenas a satisfação física, mas, também, a comunhão íntima e a perpetuação do seu nome. Dificilmente busca aventuras extraconjugais porque é, essencialmente, o membro do clã, da tribo, que não precisa procurar diversões fora da casa, pois se contenta com aquilo que tem dentro do seu lar.

Este signo proporciona bastante felicidade no matrimônio, mas o taurino precisa saber escolher o seu cônjuge, pois a incompatibilidade de gênios poderá tornar sua vida desagradável e conturbada. A estabilidade doméstica poderá ser perturbada por intrigas, e alguns parentes de sangue, intencionalmente ou não, poderão separar o taurino de seu cônjuge. Os amigos que partilharem da intimidade do casal sempre serão úteis e benéficos, mas os nativos de Touro devem precaver-se contra certas relações menos íntimas, determinadas pela profissão ou por negócios, pois estas poderão afetar desagradavelmente sua vida doméstica, prejudicando, também, suas finanças.

As mulheres deste signo, principalmente as nascidas no primeiro decanato de Touro, entre 21 e 29 de abril, serão extremamente fecundas, carinhosas e amáveis. Embora todas as induções aqui analisadas se apliquem tanto aos homens como às mulheres, estas terão maior felicidade no casamento do que seus irmãos de signo, em virtude de que saberão conservar melhor a harmonia doméstica.

É interessante notar que nenhum nativo de Touro, homem ou mulher, consegue fortuna antes de contrair matrimônio. Ele deve, primeiro, fundar sua própria família para, depois, construir sua fortuna e quanto mais harmônica for sua vida doméstica maior será sua prosperidade.

Filhos

O matrimônio é uma necessidade física e espiritual para os taurinos e os filhos também serão sempre ardentemente desejados. Carinhosos e apegados aos seus descendentes, eles verão nas crianças nascidas de sua carne e de seu sangue um prolongamento de sua própria vida.

Os filhos dos nativos deste signo serão inteligentes, alegres e amorosos, mas possuirão delicada sensibilidade, e os taurinos devem esforçar-se por manter um ambiente doméstico feliz e pacífico para que suas crianças possam crescer calmas e sadias.

Nos casamentos ou uniões dos que nascem sob esta influência, há sempre maior promessa de filhos do sexo feminino do que do sexo masculino; eles poderão trazer alguma preocupação por motivo de saúde, nos primeiros meses ou anos de vida, mas logo essas preocupações desaparecerão e eles serão motivo de prazer, orgulho e alegria. Uma das crianças poderá ser extremamente sensível e inteligente, tendo em seu destino brilhantes acontecimentos.

Vida social

A posição social dos taurinos terá o mesmo curso de sua evolução material: nascendo em família abastada ou pobre, em seus primeiros anos de vida nunca receberão a marca de nenhum acontecimento que mereça destaque excepcional, pois viverão à sombra de alguém.

Somente a partir do momento em que se libertem da família, ou em que se firmem em alguma profissão ou carreira, é que começarão a construir sua própria vida e seu prestígio social. É interessante notar que o casamento influirá, também, de modo bastante evidente, na posição social dos nativos deste signo; o matrimônio terá repercussão benéfica ou maléfica, dependendo do grau de evolução da criatura que o taurino escolher para cônjuge.

Touro promete segurança, conforto e prestígio, mas sempre depois dos quarenta anos de idade. Os taurinos poderão adquirir renome e respeito público, ocupando cargos importantes ou colaborando em obras de vulto. Também alcançarão fama e crédito ao se inclinarem às atividades científicas ou artísticas ou, ainda, escolherem qualquer profissão relacionada com a palavra escrita, isto é, leis, literatura, etc., onde obterão brilhante prestígio, mas sempre depois dos quarenta anos.

Elementos estranhos, de comportamento original, ou com idéias políticas subversivas, poderão trazer sérios prejuízos, conduzindo os taurinos ao desfavor público, mas se tiverem algum problema desse gênero, ele também poderá causar aborrecimentos, refletindo-se, negativamente, em seu bom nome. Novamente, neste setor que trata da valorização do indivíduo em relação ao seu meio, verificamos que a demasiada submissão à família poderá constituir-se em obstáculo para os nativos de Touro. Também as demandas e questões judiciais em que os taurinos se envolverem devem ser tratadas com muita cautela, pois poderão repercutir, de modo desagradável, em sua posição social.

Finanças

O signo de Touro oferece riquezas aos seus filhos, mas é importante lembrar que os taurinos devem firmar a sua personalidade; a fortuna não se apaixona pelos tímidos, mas é dócil amante de todos aqueles que sabem, aproveitando suas próprias possibilidades, converter-se numa força dinâmica, positiva e realizadora.

Todas as coisas práticas e de utilização popular poderão trazer grandes lucros aos nativos deste signo. Os taurinos terão êxito se se dedicarem às leis, especialmente às relacionadas com terras, trabalho, etc. Nunca terão grande inclinação para os assuntos religiosos ou filosóficos e estes, aliás, não prometem grande fortuna; caso, porém, se dediquem à arte ou à literatura, os filhos de Touro podem esperar sucesso e excelente compensação financeira. As atividades comerciais poderão ser imensamente favoráveis, principalmente quando forem ligadas ao bem-estar e à alimentação do povo. Os pequenos e grandes animais, os loteamentos, as construções, a agricultura ou qualquer negócio ligado à terra, assim como a criação de gado, aves, etc., também prometem muito dinheiro aos taurinos. Nestes assuntos, como em todos os outros, os nativos de Touro nada devem fazer sem antes assinar ou verificar os papéis necessários, pois estão sujeitos a fraudes e enganos.

O êxito financeiro poderá acontecer mais cedo para os taurinos nascidos no segundo decanato deste signo, entre 30 de abril e 9 de maio, mas a fortuna conseguida pelos que nascem no terceiro decanato, entre 10 e 20 de maio, será mais segura, embora mais tardia. Alguns amigos ou associados poderão trazer prejuízo financeiro aos que nascem no primeiro decanato do Touro, entre 21 e 29 de abril; os nativos deste período também terão menos sorte com bens imóveis, isto é, casas e terras, do que os seus irmãos de signo, e devem ter especial cuidado com papéis e documentos relativos a propriedades, para não serem enganados ou roubados.

Legados recebidos por morte de algum parente poderão aumentar a fortuna dos taurinos, mas eles provocarão brigas e discussões em família e os nativos deste setor poderão até por isso separar-se ou inimizar-se com parentes. Uma viagem poderá ter influência decisiva nas finanças, pois nela serão travadas novas e benéficas amizades que poderão levar o taurino a fixar residência em pequena cidade ou em porto de mar, a fim de tratar de negócios que poderão trazer grandes lucros.

Sendo um signo estável, fecundo e de excelentes vibrações, indica que seus nativos serão vitoriosos em seus empreendimentos. Terão que trabalhar duramente, mas, da metade de sua vida em diante, a fortuna lhes virá facilmente.

Os elementos inferiores deste signo não terão muita coisa a esperar, pois sua vida será limitada por um horizonte muito estreito. Os tipos negativos poderão, por seus erros, sofrer perseguições policiais ou judiciárias que repercutirão, maleficamente, em sua situação financeira e em sua posição social, sendo quase certo que se verão condenados a uma vida penosa e desagradável.

Saúde

Touro dá aos que nascem sob suas estrelas, longa vida, muita vitalidade e saúde excelente; quase todas as perturbações sentidas pelos taurinos serão causadas por imprudência ao comer e ao beber ou por incontinência sexual.

A garganta, a laringe, as amídalas, as artérias carótidas externas e a glândula tireóide estão sob o domínio de Touro, enquanto os órgãos genitais, externos e internos, os seios, os rins, os quadris e também a garganta estão sob a influência de Vênus. Também as vias respiratórias superiores e o nariz sofrem o domínio de Touro e Vênus. Por essas condições, os taurinos estão sujeitos a catarros e inflamações das vias respiratórias e às afecções generalizadas da garganta, inclusive crupe, difteria, laringite, amidalite, papeira, etc. Ainda as moléstias venéreas e todas as moléstias dos órgãos genitais, bem como o histerismo e a diabete podem afetar os nativos deste signo.

Vênus, quando apresenta aspectos desfavoráveis, determina o acúmulo de tecidos adiposos e os taurinos poderão encurtar a duração de sua vida, sobrecarregando o coração com a gordura excessiva. A obesidade poderá ser causada por insuficiência da tireóide, mas, quase sempre, ela será ocasionada por excessos no comer. O taurino é, geralmente, muito guloso, gostando de "petiscar" constantemente e isso poderá trazer resultados danosos para o organismo. Vênus governa os rins e a eliminação insuficiente ou a hidratação, ou retenção exagerada de líquidos também poderá causar uma falsa gordura.

Por influência de Escorpião, o signo oposto a Touro, e também por indução de Vênus, os taurinos poderão sofrer perturbações relacionadas com o aparelho genital e a função sexual, principalmente os que nascem no primeiro decanato deste signo, entre 21 e 29 de abril. Os nativos do terceiro decanato, que vai de 10 a 20 de maio, poderão sentir a vibração perturbadora das Plêiades, grupo de estrelas localizadas na constelação de Touro e de Algol, astro da constelação Perseus, localizado bem junto a este signo; quando em aspectos desfavoráveis, essas irradiações estelares podem produzir quedas ou acidentes perigosos, lesões oculares, perigo de submersão ou inclinação mórbida para os prazeres sexuais, com conseqüências fatais para a saúde.

Vida calma e sadia, alimentação controlada e saudável composta especialmente de frutas, carnes magras e vegetais, oito horas diárias de sono e passeios a pé, ao ar livre, constituem a dieta especial recomendada para fazer dos taurinos o magnífico espécime físico que este signo pode determinar.

Amigos

O temperamento dos taurinos é afável, sociável e gregário. O convívio humano, alegre e harmônico, é para eles o sal da vida. Não gostam, porém, de ouvir falar em tristezas ou desgraças e sempre fogem das pessoas demasiadamente preocupadas com doenças e problemas amargos, embora não se recusem a ajudá-las, se necessário.

Apesar de apreciarem uma boa companhia, os nativos de Touro sempre recuam diante de estranhos e quando conhecem uma pessoa não permitem, logo de início, uma intimidade maior. Uma vez, porém, à vontade, são excelentes amigos, hospitaleiros e afáveis. A despeito de sua natureza gregária, não gostam de intromissões em sua vida particular e raramente fazem ou aprovam confidências.

Os taurinos sempre terão muitos conhecidos, mas chamarão de amigo a alguns poucos, apenas. Na verdade, essa reserva cautelosa deve ser aviso do seu subconsciente, pois falsos amigos poderão trazer-lhes mais prejuízos do que alegria, interferindo maleficamente em seus negócios e em sua vida doméstica.

Inimigos

Aos que nascem sob sua irradiação, o signo de Touro promete poucos inimigos; poucos, porém violentos e agressivos, que atacarão sua pessoa e tentarão prejudicar suas finanças e sua posição social.

Raramente o taurino será vítima de ataques pelas costas ou de agressões ocultas ou indiretas. Seus opositores quase sempre lutarão abertamente, mas isso não os fará menos perigosos. Os nativos deste signo devem, ainda, precaver-se contra qualquer questão que possa resultar em demanda ou processo judicial, pois seus adversários disso se prevalecerão para causar-lhes males maiores. Devem, também, evitar questões com militares, políticos ou pessoas do governo, pois elas se refletirão desagradavelmente em seus negócios.

Ao se envolverem em atividades políticas ou religiosas os taurinos devem agir com muita precaução, pois seus adversários nessas atividades serão impiedosos perseguidores que poderão provocar danos financeiros e descrédito social, correndo ainda, o taurino, o risco de prisões ou penalidades legais.

Viagens

Os signos fixos, como Touro, determinam uma natureza estável, inimiga das mudanças e dos deslocamentos. Os taurinos, que são criaturas que gostam de fixar-se num só lugar, a fim de se fortalecerem social e financeiramente, são quase sempre avessos às viagens.

Este signo, portanto, não inclina às mudanças de residência, de cidade ou de país. As viagens, quando acontecerem, nunca serão muito do agrado dos taurinos e serão mais motivadas por negócios do que por prazer. Em seus deslocamentos, que quase sempre serão de curta duração, os nativos de Touro sempre preferirão os transportes terrestres, ônibus, trens e automóveis, e terão particular aversão pelas viagens marítimas ou aéreas.

Os passeios e excursões ao ar livre, além do prazer que trarão, terão benéfico efeito sobre os nativos de Touro. Quando forçados a trabalhar em ambientes fechados, os taurinos deverão, sempre que possível, passar um fim de semana no campo, colocando-se em contato direto com a natureza, pois a proximidade das árvores, da terra e das plantas tem, sobre eles, um efeito sedativo e regenerador.

Os tipos mais inquietos deste signo são os que nascem entre 30 de abril e 9 de maio; para estes o destino promete um maior número de viagens, mas elas também estarão mais ligadas aos negócios do que à diversão ou repouso.

Profissões

Os taurinos são encontrados exercendo inúmeras profissões devido à passividade da sensível senhora deste signo, Vênus, que, às vezes, domina inteiramente seus nativos, mas em outras ocasiões fica parcialmente eclipsada, deixando prevalecer a brilhante influência de Mercúrio ou a profunda irradiação de Saturno, planetas estes que participam da regência dos dez dias do meio e dos dez dias finais deste signo, respectivamente.

Touro inclina especialmente para os trabalhos relacionados com a terra e o aproveitamento dela, seja no setor agrícola ou na criação e comércio de animais de grande porte, como bois e cavalos. Os taurinos também podem obter sucesso nas profissões que se relacionam com a alimentação pública e podemos encontrá-los, da mesma forma que os cancerianos, como donos ou empregados de restaurantes, bares, cafés, barracas de feira, lojas, mercados, etc.

Nos assuntos ligados à terra eles não só plantam, colhem e vendem, como, também, estão ligados aos loteamentos, vendas de terras e construção ou venda de casas. Nas Leis, nas Letras e na Ciência poderão ter o maior êxito, pois sua potência mental, desde que desenvolvida, é das mais brilhantes e positivas. Por influência maior de Vênus, e menor de Mercúrio, poderão dedicar-se também à Arte, principalmente interpretativa, como canto, dança, teatro, mímica, etc. Na música ou na pintura suas criações serão sempre vigorosas e objetivas, pois este signo não inclina às coisas abstratas e subjetivas. Na escultura os taurinos darão preferência aos temas onde o homem e a mulher sejam o assunto principal e sua interpretação será igualmente vigorosa, sendo que suas figuras lembrarão sempre camponeses, de membros fortes e mãos rudes. Na literatura sempre se inclinarão para o realismo e a criatura humana será também seu principal tema; sua linguagem será fácil e compreensiva e por isso obterão rápido prestígio, como aconteceu com o taurino Honoré de Balzac.

Na política sua atenção ainda estará voltada para o homem e seus direitos, como prova a obra do taurino James Monroe, quinto presidente dos Estados Unidos, criador da célebre doutrina de Monroe, que pregava a unificação da América como continente livre e que sintetizou na célebre frase "a América é para os americanos" todo o espírito de clã que o nativo de Touro possui.

Os taurinos poderão arruinar-se se fizerem qualquer negócio relacionado com o jogo. Igualmente as grandes máquinas, os veículos a motor e, principalmente, os automóveis, aviões, lanchas, etc., nunca trarão muita sorte ou muito lucro. Em compensação, o comércio com dinheiro poderá enriquecê-los; poderão tornar-se banqueiros, cambistas ou simples bancários; poderão, ainda, transformar-se em usurários e suas garantias preferidas, por qualquer empréstimo, serão sempre os bens imóveis, casas, terrenos, sítios ou fazendas.

Possuindo inesgotável energia, os taurinos estão capacitados para enfrentar qualquer trabalho, por mais penoso que seja. Desenvolvendo sua inteligência, estarão aptos a enfrentar qualquer problema e nada lhes falta para conseguir o sucesso. Aliás, nada falta a nenhum tipo astrológico, dentro de suas tendências e possibilidades, pois as estrelas são sempre benéficas quando o indivíduo tem vontade de lutar e vencer.

Síntese

Touro é, essencialmente, o signo construtor e conservador do mundo material. É muito grande o número de pessoas que nascem neste signo e isto acontece porque, juntamente com os cancerianos, os taurinos são os responsáveis pela fortuna, proteção e defesa da organização familiar. Eles podem ser encontrados nos campos e nas cidades, nas ocupações humildes e nos mais elevados cargos, pois complementam de modo eficiente, edificam e estruturam de forma notável e servem, tratam, protegem e conservam.

Com sua perseverança, seu amor ao trabalho, seu respeito às leis e sua inteligência clara e objetiva, os taurinos seguramente conseguirão realizar seus desejos, desde que se libertem do clã onde nasceram e lutem por abrir seus próprios caminhos. Combatendo por sua independência, vencendo sua natural timidez, deixando que Vênus sublime seus instintos e torne elevado seu amor familiar e fraterno, dirigido à coletividade, os taurinos conseguirão sua elevação e aparecerão diante de todos em seu justo e real valor, isto é, como os mais corajosos e laboriosos construtores do nosso pequeno mundo.

A CRIANÇA DE TOURO

A criança é sempre sensível à influência dos pais, parentes, amigos, empregados, enfim, de todos aqueles com os quais ela tem oportunidade de conviver. A criaturinha nascida em Touro é ainda mais suscetível aos exemplos e ensinamentos de todos os que a rodeiam, em virtude da plástica irradiação de Vênus; é, portanto, uma criança fácil de orientar, num bom ou mau sentido.

Como este é um signo de saúde, as crianças de Touro não darão muitas preocupações, a não ser aquelas relacionadas com sua índole irrequieta e travessa. Alegres e cheias de vitalidade, impelidas por uma irresistível curiosidade, freqüentemente escaparão de casa para conversar com os vizinhos, brincar na rua e apreciar todas as coisas fascinantes que sempre existem além dos muros do seu jardim. Apesar, porém, de sua natureza buliçosa, serão crianças dóceis e fáceis de conduzir. Sempre atenderão ao conselho dos pais e se por acaso demonstrarem desobediência, rancor ou agressividade, é porque algo as magoou profundamente, sendo essa a sua forma normal de reagir. Sociáveis e gregários, os pequenos taurinos sempre gostarão de ter muitos amigos. A vaidade também é marca de Touro e até mesmo os meninos deste signo poderão ter consciência de sua boa aparência física e gostarão imensamente de usar roupas ou sapatos novos.

Os pequeninos deste signo têm sempre muito orgulho de seus pais e dependem deles de modo exagerado. Essa tendência, mais tarde, poderá ser intensamente prejudicial e é necessário dar à criança taurina o máximo de liberdade para que ela, nos anos decisivos de sua vida, não se veja retida ou amarrada por esse sentimento de dependência. Quando existirem irmãos mais velhos é necessário impedir que a criança transfira seu respeito ou temor dos pais para eles, porque, quando crescer, também só saberá agir sob sua orientação e proteção.

A timidez também é debilidade grave e está presente em muitos nativos deste signo. É na infância que ela cria suas raízes e os pais dos pequeninos taurinos devem procurar torná-los confiantes, desenvolvendo sua iniciativa, suas atitudes positivas. Mesmo que ela seja uma criança desajeitada ou pouco bonita, devem ser evitadas, principalmente diante de estranhos, as críticas ao seu aspecto físico ou às suas maneiras, porque isto, mais tarde, deixará o taurino completamente inibido. Muitas crianças nascidas neste setor zodiacal têm tendência a engordar e os pais devem proporcionar-lhes tratamento médico sem fazer comentários a respeito, para que isso, também, não dê origem a complexos que posteriormente impedirão que o taurino conviva, com confiança e naturalidade, com seus amigos, colegas e principalmente com as pessoas do outro sexo.

O signo de Touro determina muito amor-próprio e seus nativos se magoam extraordinariamente com qualquer crítica ou brincadeira. Formando saudavelmente o caráter da criança, ensinando-a a encarar os comentários, gracejos ou as repreensões como coisas de importância relativa, seus pais lhe estarão fazendo um grande favor; com isso impedirão que, em sua vida adulta, ela desfaça boas relações ou hostilize pessoas úteis que, com boa vontade ou por má educação, venham fazer qualquer crítica ou dizer algum gracejo a seu respeito.

As gulodices sempre atraem as crianças nascidas em Touro. Os doces, principalmente, são muito apreciados por elas. É necessário mantê-las sob regime mais ou menos disfarçado, caso contrário engordarão facilmente e também estarão sujeitas a indigestões e perturbações intestinais. Se o regime for ostensivo elas desobedecerão e comerão às escondidas, pois a teimosia é uma das características proporcionadas por este signo. Como Touro rege a garganta, freqüentemente os pequenos taurinos estarão sujeitos a dores e inflamações das amídalas, laringe, etc. Também pela regência de Touro sobre o aparelho genital masculino e feminino, é necessário muita cautela e muita higiene para que a criança não venha a sofrer perturbações nesses órgãos, com graves efeitos posteriores, principalmente psicológicos.

O TRIÂNGULO DE TERRA

O elemento terra manifesta-se em três signos: TOURO—VIRGEM—CAPRICÓRNIO. Sua polaridade é feminina e sua vibração é intensa, coesiva, limitadora e construtiva. Sua essência, naturalmente, é única, mas em cada um desses três signos ela sofre grandes modificações, de acordo com as seguintes influências:

- Situação zodiacal do signo, como Casa *angular*, *sucedente* ou *cadente*, na qual se manifestará como o agente que impulsiona, que realiza ou que aplica;
- Sua correspondência com as leis cósmicas de equilíbrio, em conformidade com as três modalidades de ritmo: *impulso*, *estabilidade* e *mutabilidade*.

De acordo com a vibração própria de cada signo, é fácil saber se o nativo irá viver e agir norteado por suas emoções, por suas sensações ou por seu raciocínio. Isto nos é revelado pela palavra-chave de cada signo. Na triplicidade da terra as palavras-chaves são as seguintes: Touro, PRODUTIVIDADE — Virgem, ASSIMILAÇÃO — Capricórnio, CONSTRUTIVIDADE. Unindo-se essas palavras às determinações proporcionadas pela colocação do signo dentro do zodíaco e por sua modalidade rítmica podemos, então, definir de modo mais completo o triângulo de terra.

Touro	{ Realização Sensação Estabilidade }	Produtividade
Virgem	{ Aplicação Emoção Mutabilidade }	Assimilação
Capricórnio	{ Ação Razão Impulso }	Construtividade

A terra, como é elemento comum a esses três signos, liga-os intimamente, e o taurino, além da influência de Touro e de seu regente, Vênus, recebe também as vibrações de Virgem e Capricórnio e de seus respectivos senhores, Mercúrio e Saturno. Os nativos de Touro recebem, então, as irradiações destes signos e planetas de acordo com a data do seu nascimento. Vênus rege todo o signo de Touro mas tem força especial durante os primeiros dez dias dos trinta que correspondem a Touro; Mercúrio tem influência participante nos dez dias seguintes e Saturno colabora na regência dos dez dias finais. Dessa forma, os taurinos se dividem em três tipos distintos, que são os seguintes:

Tipo TAURINO—VENUSIANO
nascido entre 21 e 29 de abril

Tipo TAURINO—MERCURIANO
nascido entre 30 de abril e 9 de maio

Tipo TAURINO—SATURNINO
nascido entre 10 e 20 de maio

Em todos os dias que integram o período que vai de 21 de abril a 20 de maio a influência da terra é extremamente poderosa. Durante esse período, Touro é a constelação que se levanta com o Sol, ao amanhecer; oito horas mais tarde Virgem surge no horizonte e decorrido igual espaço de tempo chega a vez de Capricórnio. Dividindo-se, então, o dia em três períodos iguais, vemos que os três tipos taurinos se transformam em nove, mediante a combinação da hora e da data do nascimento. Estudando esses nove tipos, ou nove faces de Touro, poderemos interpretar, com mais acerto, a realizadora e profunda personalidade dos taurinos.

AS NOVE FACES DE TOURO

Tipo Taurino—Venusiano

Data de nascimento: entre 21 e 29 de abril

Qualidades: emotividade, afetividade, laboriosidade
Vícios: sensualidade, rancor, preguiça

Hora natal: entre 6h e 13h59m

Nesse momento cósmico nascem os taurinos mais sensíveis, emotivos e agradáveis, de temperamento alegre e natureza bondosa, amável, sociável e prestativa. As benéficas influências de Vênus, que domina sozinha neste período de oito horas, dotam todos aqueles que nascem sob sua influência de um físico atraente, podendo determinar extraordinários tipos de beleza. Proporciona, também, grandes aptidões artísticas, aguçando a sensibilidade e despertando o sentido da perfeição, da forma, da cor e do som. Os taurinos que nascem neste espaço de tempo são apegados ao lar e à família, gostam do conforto, das boas roupas e da mesa farta e refinada.

Gostam de tudo o que é belo e agradável; jóias, perfumes, peles, adornos, quadros, flores, música, etc. Este aspecto cósmico também pode inclinar para a vaidade, o desperdício e a sensualidade.

Hora natal: entre 14h e 21h59m

Os taurinos que têm neste período o seu instante natal recebem também as influências do signo de Virgem, o que lhes proporciona um temperamento mais retraído, menos comunicativo e amável do que o dos nascidos nas horas anteriores.

Estes taurinos têm maior capacidade de concentração e assimilação. São determinados, pacientes e podem chegar a extremos de teimosia estando, também, sujeitos a mudanças bruscas de humor. Podem demonstrar exagerada preocupação com a saúde, imaginando-se ameaçados por mil moléstias inexistentes. Estas influências podem desenvolver a inteligência, a compreensão e a capacidade de assimilação, mas também tornam o indivíduo mais retraído e desconfiado. Os taurinos aqui nascidos têm a mente muito desenvolvida e são dotados de grande habilidade para classificar, ordenar e aplicar seus conhecimentos.

Hora natal: entre 22h e 5h59m

Este período de oito horas determina o nascimento de taurinos austeros, concentrados, laboriosos, pouco comunicativos, desconfiados e retraídos. Tanto pode desenvolver extraordinariamente a inteligência, proporcionando rara capacidade para todas as atividades intelectuais, como pode determinar os tipos broncos, sisudos e desajeitados, de inteligência curta e lenta, capacitados apenas para realizar os mais rudes trabalhos braçais.

O aspecto físico dos que nascem nesse período é menos favorecido do que o dos tipos anteriores. Estes taurinos, quando evoluídos, destacam-se por sua serena compreensão, sua elevada inteligência e suas tendências simples e frugais. Os tipos inferiores são ásperos no falar, têm um temperamento arredio e frio e possuem forte tendência à avareza, que pode até levá-los a atos desonestos.

Tipo Taurino—Mercuriano

Data de nascimento: entre 30 de abril e 9 de maio

Qualidades: sociabilidade, assimilação, construtividade
Vícios: frieza, avareza, desonestidade

Hora natal: entre 6h e 13h59m

Durante este período de oito horas nascem os taurinos de estatura mais elevada, sistema nervoso mais sensível e inteligência mais aguda. Estas vibrações determinam jovialidade misturada com espírito crítico, por vezes impiedoso. Facilidade de expressão e compreensão e natureza mais inquieta do que a dos tipos nascidos nos primeiros e nos últimos dez dias deste signo.

Estes taurinos têm uma natureza mais inquieta do que a que têm os seus irmãos de signo. Os tipos menos elevados são extremamente hábeis no sofisma, no logro e na fraude. Os tipos superiores são dotados de brilhante inteligência e forte sensibilidade. Este momento cósmico pode determinar os jornalistas e novelistas de sucesso, os atores ou os comerciantes, os advogados e os cientistas. Os taurinos que recebem estas influências geralmente possuem uma personalidade ativa e atraente.

Hora natal: entre 14h e 21h59m

Mente aguda e ágil, espírito inquieto e pesquisador, curiosidade sempre constante, são características próprias dos taurinos que nascem neste momento cósmico. Estas influências determinam um temperamento mais colérico e instável do que o dos demais tipos de Touro. Indicam, também, o poder de ferir com as palavras, seja por meio da crítica ou da ofensa.

Este período também proporciona habilidade para escrever, falar, analisar, ordenar e classificar. Marca-se, ainda, pelas inclinações gregárias; o taurino nascido neste período não gosta de estar só; é sociável, comunicativo e alegre, mas seu humor é muito variável, passando da melhor disposição para a mais completa irritação. Os taurinos deste período, assim como os do anterior, são menos econômicos e previdentes do que os que nascem no período que vem logo em seguida.

Hora natal: entre 22h e 5h59m

Os taurinos nascidos neste período têm um temperamento duplo, ora concentrado ora dispersivo, seu humor é variável, ora jovial ora soturno e sua personalidade é difícil de ser entendida.

As influências do signo de Capricórnio sobre o tipo taurino–mercuriano fazem com que ele tanto possa assumir a feição saturnina, meditativa, concentrada, abstraída e profunda, como mercurial, personalidade evasiva, dispersiva, brilhante, porém superficial. Os tipos mais evoluídos demonstram grande capacidade para os estudos matemáticos e lingüísticos tendo, ainda, excepcional habilidade oratória. Os tipos inferiores são avarentos e quase sempre desonestos. Este momento cósmico, além de grande inteligência, ainda pode proporcionar desenvolvida capacidade para comerciar, tendo esses taurinos um faro infalível para descobrir bons negócios.

Tipo Taurino—Saturnino

Data de nascimento: entre 10 e 20 de maio

Qualidades: construtividade, concentração, assimilação
Vícios: insensibilidade, avareza, espírito de destruição

Hora natal: entre 6h e 13h59m

As qualidades fundamentais de Touro, isto é, a laboriosidade, a perseverança, o apego à terra e ao lar, exaltadas pela influência que Saturno exerce neste decanato, fazem dos taurinos que nascem sob esta vibração os tipos mais característicos deste signo.

Aqui, acentuam-se os opostos de ódio e amor, desprendimento e egoísmo, como se o taurino tivesse dupla personalidade; ele tanto pode amar fervorosamente como odiar de modo intenso; tanto pode esbanjar em coisas insignificantes como, repentinamente, pode ser acometido pelo súbito medo de ficar na miséria e economizar avaramente. Influências cósmicas contraditórias são responsáveis por este temperamento igualmente contraditório, embora as qualidades de honestidade, constância e firmeza, próprias de Touro, aqui também estejam presentes, em toda a sua intensidade.

Hora natal: entre 14h e 21h59m

Este momento cósmico determina o taurino de mente detalhista, inteligência clara e grande capacidade para ordenar, classificar e simplificar. O seu temperamento é retraído e concentrado, mas quando em confronto com alguém que lhe agrada, ou quando encontra uma conversa atraente, este taurino se torna jovial, comunicativo e sociável. As tendências exclusivistas e o modo ligeiramente indiferente de encarar os laços de família e de amizade fazem com que os nascidos neste período pareçam menos afetivos que seus irmãos de signo.

A grande capacidade para comerciar e lidar com toda espécie de negócios também é dominante nos que são deste momento cósmico, que também proporciona acentuada tendência para os estudos ocultos, desenvolvendo extraordinariamente a curiosidade sobre tudo o que se relaciona com os mistérios da vida e da morte.

Hora natal: entre 22h e 5h59m

Se tomarmos como tipo o camponês silencioso, determinado, laborioso, tímido e desconfiado, ambicioso e perseverante, assim veremos os taurinos que aqui nascem. Fortes influências saturninas fazem com que se desenvolva o amor ao trabalho, ao silêncio e à solidão e aqui aparecem os tipos estranhos, pouco comunicativos, mais amantes do trabalho do que do prazer.

Estas induções, se houver forte e favorável influência de Vênus no céu astrológico natal, poderão determinar um caráter forte e, ao mesmo tempo, emotivo, um temperamento dócil, porém determinado e firme. Quando as influências são menos favoráveis, aqui nascem os taurinos de pétrea teimosia e de pronunciadas tendências aquisitivas, que podem chegar à mais sórdida avareza. Os tipos superiores são altamente intelectualizados, abstrativos, concentrados e equilibrados.

TOURO E O ZODÍACO

Harmonias e desarmonias no plano das relações de amizade, de amor e de negócios entre os nascidos em Touro e os nascidos em outros signos.

Nenhum ser humano vive protegido por uma campânula de vidro, livre do contato direto com seus semelhantes. No lar, na convivência com amigos ou no trato dos negócios estamos constantemente interagindo com inúmeras pessoas; algumas nos agradam porque têm um temperamento igual ao nosso ou porque nossas predileções são idênticas; outras não nos são simpáticas porque representam o oposto do que somos ou do que desejaríamos ser. Devemos aprender a conhecer nossos irmãos zodiacais e a apreciar suas qualidades. Observando-os podemos, então, saber se aquilo que neles existe e que nos parece ruim é melhor do que o que existe em nós. Assim, o que seria motivo para antagonismos passa a atuar como fator de complementação e aperfeiçoamento.

Dentro da imensidão de estrelas que povoam a galáxia chamada Via Láctea, nosso Sol é um modesto astro de quinta grandeza, que se desloca vertiginosamente rumo a um ponto ignorado do Universo, carregando consigo seus pequeninos planetas com os respectivos satélites; dentro, porém, do conceito igualitário do Criador, esse diminuto Sol e a insignificante Terra, com seus ainda mais insignificantes habitantes, têm uma importância tão grande quanto o incomensurável conjunto de nebulosas e seus bilhões de estrelas.

Somos átomos de pó, comparados com as galáxias e as estrelas, mas cada um de nós é um indivíduo que vive e luta. Para nós, nossos próprios desejos, predileções, antipatias e simpatias têm uma magnitude infinita. Temos de enfrentar problemas dos quais dependem nossa felicidade e sucesso. Para resolvê-los, precisamos, quase sempre, entrar em contato com muitas outras pessoas que pertencem a signos diferentes do nosso.

Amor, amizade e negócios são os três ângulos que nos obrigam à convivência com outros tipos astrológicos. Analisando-os, estudaremos o construtivo signo de Touro em relação aos demais setores do zodíaco. Conhecendo as qualidades positivas ou negativas dos nativos dos outros signos, o taurino poderá encontrar a melhor fórmula para uma vivência feliz, harmoniosa e produtiva.

TOURO—ÁRIES. Enquanto Touro é um signo de terra, de natureza fria e seca, Áries pertence ao elemento fogo e sua constituição é quente e seca. Na oposição de força estática que é o frio, em Touro, e da força cinética que é o quente, em Áries, reside toda a complementação, mas, também, toda a hostilidade entre esses dois signos.

Os arianos são inconstantes, ardentes, impetuosos, coléricos e agressivos e, pertencendo a um setor zodiacal de ritmo impulsivo, sentem imperiosa necessidade de ação e movimento. Os taurinos, em oposição, nascidos sob o ritmo estável de seu signo, gostam das ações calmamente ruminadas e são perseverantes e obstinados. Fisicamente mais preguiçosos e mentalmente mais objetivos que os arianos, não conseguem, na maior parte das vezes, harmonizar-se perfeitamente com eles.

Os taurinos, prudentes e laboriosos, têm excelentes condições para moderar o ímpeto desordenado dos arianos, mas sentem-se incomodados com sua turbulenta e inquieta personalidade. Podendo aprender, na convivência com os nativos de Áries, a agir com mais audácia e rapidez, preferem lutar a seu modo, com menor lucro, mas com maior segurança. Seria ideal se houvesse complementação, mas isto raramente acontece, o que é pena, porque se ambos permutassem suas qualidades os resultados seriam extraordinários.

Os arianos não apreciam a covardia, a fraqueza e o temor. Orgulhosos e dominadores, agrada-lhes ajudar os que solicitam seu auxílio, mas só o concederão quando for pedido com palavras e atitudes bem escolhidas.

Amor — Os taurinos são fiéis, constantes e sinceros em suas afeições. Os arianos, embora apaixonados e ardentes, são muito variáveis, mostrando-se ora carinhosos, ora indiferentes, preocupando-se demasiadamente com seus sonhos e projetos e descuidando-se, com freqüência, dos problemas familiares e do bem-estar dos seus. Por isso, embora Áries e Touro possam provocar grande atração física entre seus nativos, prometem, também, muitas brigas, especialmente por ciúme, mal que afeta tanto a taurinos quanto a arianos.

Os matrimônios mais felizes acontecerão para os taurinos nascidos entre 21 e 29 de abril, pois estes dez dias são regidos por Vênus e ela, como deusa-amante, convive bem com o turbulento Marte, regente de Áries. Os aspectos são menos favoráveis para os taurinos nascidos entre 10 e 20 de maio, pois este período tem a regência participante de Saturno que se antagoniza com Marte e com os signos de fogo.

Amizade — No que diz respeito às amizades os aspectos são mais desfavoráveis do que no casamento, mas, ainda assim, a troca de vibrações entre Touro e

Áries poderá estabelecer um campo magnético muito propício para os nativos dos dois signos. Os taurinos poderão aproveitar muito da capacidade criadora dos arianos; utilizando sua inteligência e sua capacidade construtiva, poderão fazer frutificar idéias e projetos que, de outro modo, perder-se-iam em virtude da inconstância dos nativos de Áries.

Um dos aspectos negativos de Áries é o materialismo, enquanto as vibrações animais de Touro podem determinar grosseira sensualidade. Quando se juntam elementos inferiores destes dois signos, as conseqüências podem ser muito desagradáveis e prejudiciais, especialmente para os taurinos que, quando negativos, têm uma vontade muito débil e são facilmente conduzidos para o vício, a vagabundagem ou a desonestidade.

Negócios — Quando se associam nativos de Áries e de Touro, de vibração positiva, os resultados são imensamente produtivos, isto é, são produtivos quando cada um reconhece e admite a influência do outro, pois tanto taurinos como arianos não gostam de receber ordens.

Os nativos de Touro são aquisitivos, laboriosos, metódicos e esforçados. Os arianos não têm nenhuma dessas qualidades, mas, em compensação, são dotados de rara capacidade para dirigir e impulsionar; suas idéias são, geralmente, brilhantes e úteis, mas necessitam de outros elementos, como os taurinos, para fazer o trabalho de realização e estruturação.

Polidas as arestas que poderão surgir em virtude do temperamento dominador e agressivo dos arianos e da teimosia e suscetibilidade dos taurinos, os negócios entre nativos destes dois signos poderão trazer fortuna, especialmente para os nativos de Touro, que sabem aproveitar e fazer render.

TOURO—TOURO. Seria lógico esperar que houvesse perfeita harmonia entre nativos do mesmo setor zodiacal; isto, todavia, só acontece quando se unem elementos muito positivos. As qualidades são comuns, mas os defeitos também o são e, freqüentemente, dão origem a antagonismos muito mais violentos do que os que se observam entre nativos de dois signos hostis.

Quando se unem por amor, amizade ou negócios, duas pessoas de vibração superior e positiva temos, então, toda a potência gigantesca de Touro em ação, estabelecendo um ambiente favorável a todas as realizações vitoriosas, desde a organização básica, familiar, até os mais extraordinários e lucrativos empreendimentos comerciais, científicos ou artísticos.

Um dos maiores obstáculos ao seu sucesso é o hábito que têm de remoer demasiadamente suas idéias, antes de pô-las em prática. Isto, embora não traga desfavoráveis reflexos nas uniões amistosas ou amorosas, poderá constituir-se num obstáculo ao progresso quando se associarem, comercialmente, nativos deste signo,

Existe forte hostilidade entre os taurinos do primeiro decanato, nascidos entre 21 e 29 de abril e os que têm sua data natal nos últimos dez dias de Touro, entre 10 e 20 de maio. Já os que nascem nos dez dias centrais, entre 30 de abril e 9 de maio, harmonizam-se bem com todos os seus irmãos de signo.

Os taurinos são sociáveis, amáveis e bondosos. Gostam de auxiliar o próximo e quem precisar de sua ajuda não precisará esperar muito para ser atendido, especialmente se souber tratá-los com a deferência que sempre apreciam.

Amor — O casamento perfeito poderá acontecer quando se unem, afetivamente, um homem e uma mulher de Touro, desde que ambos sejam tipos positivos. O casal poderá esperar muitos filhos, pois este é um signo fecundo. Como os taurinos, com raras exceções, são modestos, econômicos e hábeis no manejo do dinheiro, as finanças, embora de progresso lento, alcançarão grande prosperidade e solidez.

Existindo grande atração física, a vida íntima poderá ser imensamente harmoniosa... mas, as brigas começarão quando o ciúme, a teimosia, a resistência passiva e o rancor surdo entrarem em cena. Como esses defeitos são comuns a quase todos os taurinos e eles são criaturas que guardam as ofensas muito tempo e dificilmente sabem perdoar, um casamento feliz poderá ser definitivamente arruinado por brigas tolas ou questões de pequena importância que poderiam ser pacificamente resolvidas.

Amizade — Não devemos esquecer que os taurinos são essencialmente práticos; nas relações amistosas as probabilidades de uma vivência feliz entre os nativos de Touro só existirão quando houver algum interesse comum, seja ele artístico, religioso ou financeiro.

Os mesmos obstáculos que podem destruir a felicidade de um casamento ou união entre taurinos, podem, também, ameaçar as relações fraternas; uma palavra dita com menos tato ou uma brincadeira menos agradável serão motivos para que dois bons amigos se transformem em inimigos. No casamento existe a atração física e, sobretudo, os interesses familiares e o respeito aos laços matrimoniais, o que obriga os taurinos a procurar a maior harmonização possível. Na amizade, porém, nada disso existe; embora relações agradáveis e superficiais possam acontecer, raramente se observarão amizades profundas e duradouras.

Negócios — As associações comerciais entre taurinos serão muito favoráveis, mas a demora na realização dos projetos e a lenta caminhada desde a concepção da idéia até o momento de pô-la em prática são fatores que poderão trazer bastante prejuízo, ou mesmo fracasso.

Não promete muito sucesso a associação entre taurinos nascidos no primeiro decanato, entre 21 e 29 de abril.

Nas associações entre elementos nascidos nos dias que vão de 30 de abril a 9 de maio e de 10 a 20 de maio as probabilidades são muito grandes, pois os taurinos do segundo decanato, isto é, que têm sua data natal entre 30 de abril a 9 de maio, são mais decididos e audaciosos que seus irmãos de signo.

Associando-se, os taurinos raramente correrão o risco de roubo ou fraude, pois a honestidade é uma das virtudes de Touro. Naturalmente, as exceções acontecem, mas elas, felizmente, são raras.

TOURO—GÊMEOS. Geminianos e taurinos, embora vizinhos de casas zodiacais, não costumam conviver em grande harmonia. O geminiano, entusiasta e versátil, é hábil no falar e no negociar e isso desperta profunda desconfiança no cauteloso taurino que aprecia as realizações modestas porém objetivas, e foge dos grandes planos montados em palavras bonitas e bases teóricas.

A inconstância dos geminianos, que sendo nativos de um signo duplo estão sempre ocupados com mais de um projeto, ou se dedicando a mais de uma atividade, também não agrada aos taurinos, que gostam de concentrar-se num só objetivo. Por outro lado, o geminiano, embora afetivo, tende a intelectualizar seus sentimentos, desiludindo-se rapidamente quando as pessoas não correspondem ao seu ideal, ao passo que o taurino é realista e quando se afeiçoa a alguém admite tanto suas qualidades como seus defeitos.

A natureza desses dois signos é diametralmente oposta; enquanto Touro, do elemento terra, representa uma força coesiva constituída pelos elementos frio e seco, Gêmeos, signo aéreo, representa uma força expansiva, constituída pelos elementos quente e úmido. A harmonia entre os nativos de ambos, portanto, será sempre superficial. As relações mais agradáveis e benéficas estão reservadas aos taurinos do segundo decanato de Touro, nascidos entre 30 de abril e 9 de maio, que têm a regência participante de Mercúrio, que é, igualmente, o senhor de Gêmeos.

O geminiano sempre intelectualiza suas emoções e ora é generoso, ora é indiferente. Quem necessitar de sua ajuda deverá esperar a hora certa, pois será atendido ou não, de acordo com o seu estado mental.

Amor — Nas afeições, os nativos de Touro e os geminianos não se entendem muito bem, pois enquanto os primeiros são fiéis, amorosos e constantes, os nativos de Gêmeos são, quase sempre, dispersivos, pouco apaixonados e um tanto extravagantes em matéria de fidelidade.

Os maiores indícios de felicidade no casamento encontram-se quando o taurino se afeiçoa por alguém nascido no segundo decanato de Gêmeos, entre 30 de maio e 8 de junho; estes dez dias dos Gêmeos têm a vibração participante de Vênus e isso poderá determinar mútua atração física e intensa afinidade mental. Naturalmente, como Vênus e Mercúrio são planetas harmoniosos, taurinos e geminianos poderão ser felizes, se tiverem o bom senso de corrigir seus defeitos naturais.

Os taurinos devem evitar os casos amorosos com geminianos negativos, pois eles poderão acabar em ruidosos escândalos, que trarão muito prejuízo.

Amizade — O geminiano é uma criatura que não sabe viver sem amigos e, às vezes, é mais fiel a uma afeição fraterna do que a um amor; o taurino também gosta de viver em boa companhia e é sociável e gregário. Não obstante, a diferença existente entre a natureza cósmica dos dois signos é muito grande para que amizades duradouras e profundas possam acontecer entre nativos destes dois signos.

O nativo de Gêmeos, como já dissemos, sempre intelectualiza suas afeições, isto é, cria mentalmente um tipo ideal de amante ou de amigo; se o taurino corresponder a esse ideal, poderá ter a certeza de encontrar no geminiano um companheiro extraordinariamente leal e sincero.

Aqui é bom, novamente, recomendar cuidado com os geminianos inferiores, que quando não são desonestos são intrigantes. Mercúrio, regente de Gêmeos, pode trazer aborrecimentos por escândalos, cartas ou papéis comprometedores.

Negócios — O signo de Gêmeos, geralmente, dá a seus nativos excepcional habilidade comercial, mas também dá, a muitos deles, uma esperteza fora do comum. Apesar de sua natureza desconfiada e cautelosa, o taurino é pessoa fácil de ser lograda. Isto acontece porque, depois de pensar, meditar e planejar muito, ele se lança com determinação ao trabalho, passando a confiar cegamente no sócio; este, sendo um tipo menos evoluído, poderá aproveitar-se dessa confiança para conseguir lucros desonestos.

Como precaução, todas as vezes que tratar de negócios com tipos negativos de Gêmeos, o taurino deverá estudar bem todos os papéis e documentos que tiver que assinar. Tratando com geminianos de vibrações positivas, os nativos de Touro nada devem recear; o difícil será estabelecer-se uma convivência harmônica entre dois tipos astrológicos em virtude da diferença de temperamentos.

TOURO—CÂNCER. Será sempre favorável, com raras exceções, qualquer espécie de relação ou associação entre nativos de Touro e de Câncer. O signo de Câncer, de natureza úmida e fria, harmoniza-se bem com o elemento terra, de constituição fria e seca. Os raios magnéticos de Câncer, signo de água, de propriedades fluentes e interpenetrantes, vêm diminuir a rigidez e a tensão próprias de Touro, cuja energia coesiva constringe e limita.

Acresce ainda que a Lua, regente de Câncer, encontra sua exaltação no signo de Touro, onde sua mística e fecunda vibração assume extraordinária intensidade, o que vem tornar produtivas, pacíficas, agradáveis e benéficas as relações entre os nativos destes dois signos. Taurinos e cancerianos têm grande afinidade: ambos consideram a família como parte integrante e indispensável de sua própria vida; ambos costumam isolar-se dos problemas da coletividade, só participando deles quando sentem que a situação social pode afetar a segurança de seus bens e das pessoas que amam; o canceriano é mais místico, mais sonhador, enquanto o taurino é mais prático e realista, mas entre ambos existe maior semelhança de temperamento do que a que se pode observar nas combinações entre os demais tipos astrológicos.

Os taurinos nascidos entre 10 e 20 de maio terão menores probabilidades harmônicas em suas relações com cancerianos; o frígido Saturno, que influencia este decanato, é hostil à mística e sonhadora Lua.

Os cancerianos são bondosos e humanos; quem precisar de seu auxílio sempre será atendido, desde que o pedido não prejudique ou não interfira na vida particular dos cancerianos.

Amor — Os casamentos ou uniões entre taurinos e cancerianos poderão ser muito felizes, existindo mesmo maiores possibilidades harmônicas do que as que se observam nos matrimônios entre dois nativos de Touro; isto acontece porque os filhos de Câncer são mais compreensivos que os taurinos, sabem perdoar aqueles que amam e prezam muito a harmonia doméstica.

Ambos os signos são muito fecundos e poderão proporcionar muitos filhos, que serão fortes, inteligentes e amorosos. Além das crianças nascidas do matrimônio, a fecundidade poderá mostrar-se também de outro modo, isto é, os cônjuges viverão sempre rodeados por vasta parentela, amigos, afilhados e filhos de criação. Em alguns casos, a felicidade conjugal poderá ser menor quando o taurino tiver nascido entre 10 e 20 de maio, decanato este governado por Saturno, que promete menos filhos e diminui as probabilidades harmônicas, em virtude da hostilidade que sente pela Lua.

Amizade — Também no terreno das amizades os nativos de Touro e de Câncer poderão esperar excelentes resultados. Qualquer espécie de relação, em princípio, é sempre encarada com desconfiança pelos nativos dos dois signos; depois de se estudarem mutuamente, taurinos e cancerianos poderão estabelecer profunda e sincera amizade que será útil e agradável, tanto à mente como à alma pois os nativos de Câncer, muito místicos e sensíveis e muito amantes dos mistérios da vida e da morte, poderão despertar a atenção dos taurinos para os problemas espiritualistas.

A amizade entre os filhos de Touro e os cancerianos poderá ser prejudicada pela obstinação e teimosia peculiares a estes dois tipos astrológicos; por mais íntimas que sejam as relações, ao menor mal-entendido poderão terminar abruptamente, pois se o taurino não esquece e não perdoa, o canceriano, por sua vez, só esquece e perdoa as ofensas dos que são do seu sangue.

Negócios — Dificilmente terão rápido sucesso os negócios estabelecidos entre taurinos e cancerianos; isto só acontecerá quando os dois tipos astrológicos forem positivos, tendo perdido a timidez e a excessiva prudência, males que geralmente afetam os que nascem sob as estrelas de Touro e de Câncer. Para estes tipos positivos os prognósticos são extremamente brilhantes, prometendo fortuna e prestígio social, principalmente para os taurinos nascidos nos dois primeiros decanatos de Touro, isto é, entre 21 e 29 de abril e 30 de abril e 9 de maio.

Dizem que a sorte tem apenas um cabelo em sua cabeça e que só vence aquele que o arranca no rápido momento em que ela passa. Taurinos e cancerianos dificilmente arriscam decisões súbitas; é por isso que, nas associações comerciais ou em qualquer empreendimento encabeçado por eles, a cautela demasiada poderá trazer mais dano do que benefício.

TOURO—LEÃO. O signo real de Leão harmoniza-se espiritualmente com quase todos os signos do zodíaco; é na generosa Casa de Leão, morada do Sol, que residem a luz e a alegria e é de lá que provém o eterno fluxo vital que se projeta em todas as casas zodiacais.

Os taurinos, como quase todos os tipos astrológicos, sentem-se atraídos pelos leoninos, que são magnéticos e simpáticos. Ambos, porém, possuem um temperamento bem oposto; enquanto os leoninos dissipam generosamente tudo o que têm, dinheiro, alegria, saúde, os taurinos são prudentes conservadores, que gostam de amealhar idéias, afetos e valores. Embora também possuam uma boa dose de perseverança e uma grande firmeza de atitudes, os leoninos são dinâmicos, ativos e impulsivos, enquanto os taurinos são mais lentos e profundos, tanto na ação como no pensamento.

Vênus, o regente de Touro, e Mercúrio, no seu papel de participante na regência deste signo, são planetas que têm grande afinidade com o Sol, que é o senhor de Leão; por esse motivo os taurinos nascidos nos primeiros vinte dias de Touro, ou seja, entre 21 de abril e 9 de maio, poderão ser muito beneficiados com as relações que estabelecerem com leoninos positivos. Vibrações mais hostis se verificam para os taurinos nascidos entre 10 e 20 de maio, decanato este influenciado por Saturno que não aprecia o calor do Sol e dos signos de fogo.

O leonino tem uma natureza extremamente generosa e amável. Só as pessoas honestas conseguem seus favores, pois Leão não admite desonestidade ou mentira; para obter sua ajuda basta ser sincero.

Amor — Os aspectos existentes entre nativos de Touro e de Leão são bastante favoráveis no que se relaciona ao matrimônio ou às uniões amorosas. No entanto, fatalmente, as brigas acontecerão com freqüência, pois os taurinos não conseguirão refrear a natureza exuberante, e muitas vezes boêmia e generosa em excesso, dos despreocupados leoninos. Os nativos de Leão, protegidos pelo Sol, o luminoso e pródigo semeador de vida, gostam de conversar, rir e brincar, gostam de fazer amigos sem se preocupar com sua qualidade moral e abrem as portas de sua casa e compartilham sua mesa com conhecidos e desconhecidos; isto contraria os taurinos que são mais reservados e só admitem em seu lar aqueles a quem consideram dignos de compartilhar da intimidade de sua família.

A felicidade será ainda bem menor para os taurinos nascidos no terceiro decanato de Touro, entre 10 e 20 de maio, pois Saturno, que influencia este período, não convive bem com o Sol.

Amizade — São quase sempre favoráveis as perspectivas oferecidas aos taurinos quando estes estabelecem relações de amizade com os nativos de Leão. Estas ligações fraternas trarão alegria e prazer e por meio delas os taurinos poderão fazer valiosos contatos com pessoas de elevada posição social ou financeira, que muito os auxiliarão em seus projetos.

Os tipos puros de Leão, nascidos com o raiar do Sol e no primeiro decanato do signo, isto é, entre 22 de julho e 2 de agosto, serão valiosos amigos; por meio deles os taurinos poderão absorver magnética energia cósmica que os habilitará a firmar positivamente sua personalidade.

Os leoninos sempre exercerão benéfica influência sobre os nativos de Touro. É preciso, porém, que os taurinos evitem ligar-se a leoninos negativos, que quando não são orgulhosos, vaidosos, imprevidentes e moralmente relaxados, são intrigantes e falsos, praticando qualquer espécie de desonestidade para receber um elogio ou um presente.

Negócios — Nos negócios, as probabilidades harmônicas observadas nas relações entre nativos de Touro e de Leão são bem menores, pois os taurinos, econômicos e previdentes, não costumam aprovar a despreocupada imprevidência dos leoninos que são excessivamente generosos no uso do dinheiro.

As empresas também poderão fracassar porque as atividades que favorecem o signo de Touro diferem das de Leão; enquanto os taurinos tanto podem se dedicar às Artes, à Ciência ou às Leis, embora tenham maior sorte com as atividades relacionadas com a alimentação pública e a venda ou exploração da terra, os leoninos preferem negociar com jóias, pedras preciosas, câmbio, objetos de arte, etc. Nas profissões dos leoninos os taurinos sentir-se-ão deslocados e vice-versa, não havendo, por isso, muita possibilidade de sucesso, a não ser que a empresa ou a associação tenha múltiplas finalidades ou esteja restrita àquilo que agrada aos nativos dos dois signos.

TOURO—VIRGEM. Estes dois signos pertencem ao elemento terra e representam a força de coesão, assimilação e repressão, na natureza; isto se reflete em taurinos e virginianos, dando-lhes a tendência de resistir às transformações e proporcionando o conhecimento baseado nas experiências repetidas e a elevação mediante a meditação e a reflexão.

Os nativos de Touro e de Virgem geralmente se harmonizam mutuamente, embora também se manifestem algumas oposições; em Touro pode-se observar uma natureza obstinada e uma unidade de ação e pensamento, o que faz o taurino agir sempre em coerência com seus desejos e idéias; o virginiano é mais flexível, mais mercurial, adaptando-se melhor às circunstâncias, sabendo moldar-se proveitosamente às situações, o que vem trazer-lhe melhores oportunidades para vencer em seus projetos, mas também vem dar um tom de inconsistência ao seu caráter. Por outro lado, enquanto o taurino gosta de ver-se rodeado de parentes e amigos e, com raras exceções, está sempre de bom humor, o virginiano está sujeito a súbitas mudanças de humor, às vezes tratando a todos com excessivo carinho, outras vezes isolando-se completamente ou tratando com rudeza os amigos e os familiares. O virginiano às vezes é muito místico, até fanático, e tentará converter o taurino que, embora tenha fé, quase nunca é religioso e acredita que a melhor prece diária que o homem oferece a Deus é o seu trabalho operoso e frutífero.

Os virginianos positivos são bondosos, generosos e compreensivos; os negativos são egoístas, indiferentes e invejosos. Quem precisar de um favor, trate de procurar os primeiros, porque dos outros não conseguirá nada.

Amor — As promessas de uma convivência feliz nos casamentos ou uniões entre taurinos e virginianos não são muito fortes. No destino dos nativos de Virgem existe, quase sempre, a marca de separação ou viuvez; a separação naturalmente não ocorrerá, desde que o virginiano e seu cônjuge sejam tipos evoluídos. É quase certo, porém, a união ser desfeita quando um nativo de Touro se une a um nativo de Virgem, pois a vida conjugal do taurino será quase sempre perturbada por interferência de sua família, o que não será suportado pelo virginiano.

Cartas anônimas, intrigas, questões legais, calúnias de empregados ou vizinhos e discussões com pessoas da família, especialmente irmãos, poderão fazer com que o taurino se veja separado do seu cônjuge. Como certos virginianos negativos são muito sujeitos a problemas psicológicos com respeito ao sexo e à intimidade conjugal, isto também poderá ocasionar separação porque o taurino é saudável e exige uma vida conjugal também sadia.

Amizade — As relações de amizade estabelecidas entre taurinos e virginianos serão sinceras, profundas e duradouras, pois estarão unidos pelo elemento terra que determina forte associação fraterna aos que nascem sob os signos por ele constituídos.

No céu astrológico natal dos taurinos, Virgem representa a Casa dos Prazeres e da Sorte e, assim, os nativos de Touro poderão ter prazer e alegria com seus amigos nascidos no signo de Virgem, que também trarão muita sorte e exercerão benéfica influência em sua vida.

Virginianos inferiores poderão conduzir os taurinos ao vício do jogo e ao exagero nos prazeres materiais, isto é, na comida, na bebida e no sexo. Para os nativos de Touro a influência de Virgem poderá trazer muita alegria mas também poderá proporcionar muita mágoa e sofrimento. É preciso, pois, que o taurino escolha com sabedoria os seus amigos, quando nascem no signo de Virgem.

Negócios — Nas associações comerciais estabelecidas entre taurinos e virginianos verificam-se aspectos bem favoráveis. O virginiano, quando estima seus companheiros, gosta de colaborar e é um trabalhador incansável; o taurino, enquanto mantiver boas relações de amizade com seu sócio, poderá ter a certeza de que os negócios serão muito prósperos. O destino dos virginianos promete fortuna tardia, porém sólida; isto quer dizer que, quando um nativo de Touro se associa a um nativo de Virgem, embora a riqueza demore para vir, ela um dia chegará, certa e segura, sem perigo de perdas ou fracassos.

Note-se, porém, que é sempre necessário o taurino associar-se a elementos positivos. Estas associações terão progresso lento porém constante, o que agradará tanto a taurinos como a virginianos, pois ambos acreditam mais nas coisas que se desenvolvem devagar, criando fortes e sadias raízes, do que nas empresas que florescem do dia para a noite e fenecem com igual rapidez.

TOURO—LIBRA. Vênus e Lua são as duas únicas influências de natureza feminina existentes no zodíaco. A Lua é a emotividade, a beleza mística, o amor representado pela mulher-mãe. Vênus é a afetividade, a beleza ideal, o amor representado pela mulher-amante; em si, além de suas próprias características, encerra também o aspecto lunar maternal, isto é, tanto pode ser a amante como a mãe. No zodíaco, a Vênus de Touro é a genetriz, a maternal, enquanto em Libra ela é a amorosa, a sensível; em Touro ela representa a emotividade, a fecundação e a frutificação, enquanto em Libra ela simboliza a sensibilidade, a floração e a fecundidade mental e espiritual, ou seja, a Arte em toda a sua intensidade criadora.

Os tipos astrológicos nascidos nestes dois signos são muito saudáveis, geralmente bem constituídos, podendo alguns deles, especialmente as mulheres, destacar-se por seu grande magnetismo ou por sua refinada beleza. Por terem o mesmo planeta na regência de seus setores zodiacais e pela natureza das vibrações venusianas, taurinos e librianos poderão sentir grande atração mútua, mas ela será mais sexual do que mental ou espiritual.

Os taurinos nascidos no terceiro decanato do seu signo, entre 10 e 20 de maio, sentirão menos afinidade pelos librianos em virtude da influência participante de Saturno nesse decanato, o que enfraquece a vibração venusiana.

O libriano é muito justo e imparcial; sente, porém, certa indiferença pelos problemas alheios. Aqueles que solicitarem seu auxílio só serão atendidos se o pedido for muito justo.

Amor — Os casamentos ou uniões entre taurinos e librianos terão sempre, como ponto mais importante e fator principal, a atração sexual. Como o temperamento dos nativos destes dois signos difere bastante, a harmonia nunca será total. Enquanto o taurino é constante, previdente e laborioso, o libriano vive de acordo com seus próprios desejos, existe apenas o "hoje", sem se preocupar com o "amanhã" e gosta do máximo de conforto com o mínimo de esforço físico e nisto residirá a principal oposição entre os cônjuges.

Os casamentos entre nativos de Touro e de Libra, quando são tipos positivos, poderão ser muito felizes e fecundos. Cuidadosa atenção deve ser dada aos filhos, que serão muito inteligentes, mas poderão trazer preocupações por sua natureza excêntrica e independente. Quando os taurinos, nascidos nos últimos dez dias de Touro, entre 10 e 20 de maio, unirem-se a alguém de Libra, as probabilidades de convivência harmônica serão bem menores.

Amizade — No setor das relações fraternas os aspectos entre Libra e Touro são melhores do que para o matrimônio ou associações comerciais. Os librianos são amigos gentis e sinceros e sempre tomam o partido daqueles a quem estimam. Como os taurinos, também não gostam de ouvir falar em misérias e desgraças, preferindo sempre as companhias agradáveis e, sempre que possível, cultas. Também como os taurinos, os nativos de Libra são muito apegados à sua família e procuram sempre resguardá-la de estranhos, só admitindo em seu lar aqueles que consideram verdadeiramente como amigos.

Os librianos negativos são apáticos, indiferentes, não-afetivos e vaidosos, e os nativos de Touro não poderão esperar seu auxílio nos momentos de necessidade, pois eles fugirão ao menor sinal de apelo de quem quer que seja.

Os taurinos nascidos no último decanato de Touro, entre 10 e 20 de maio, não viverão muito bem com os librianos, especialmente os nascidos no primeiro decanato de Libra, que vai de 23 de setembro a 10 de outubro.

Negócios — Os nativos de Touro e de Libra gostam muito de dinheiro; os taurinos, porém, nunca se recusam a enfrentar qualquer trabalho, por mais árduo que seja, ao passo que os librianos, mais comodistas, sempre preferem o esforço mental e desdenham o esforço físico.

Como os taurinos, os nativos de Libra são muito honestos e nos negócios efetuados entre nativos destes dois signos nenhum terá que se queixar de roubo ou trapaça de seu sócio. Também à semelhança dos nativos de Touro, os librianos, uma vez que assumem um compromisso, vão até o fim e jamais quebram sua palavra, pois prezam muito seu nome e sua honra.

Os melhores aspectos, no que se refere às associações com fins lucrativos, verificam-se para os taurinos nascidos no segundo decanato de Touro, entre 30 de abril e 9 de maio, pois Mercúrio, que participa da regência nesse período, harmoniza-se integralmente com Libra.

TOURO—ESCORPIÃO. Estes dois signos estão situados em pólos opostos no zodíaco celeste e é na Casa do Escorpião que o taurino encontra suas associações, afetivas ou comerciais.

Vênus, senhora de Touro, e Marte, regente de Escorpião, cosmicamente, simbolizam a mulher e o homem, a energia sexual feminina e masculina. Enquanto Touro encerra a misteriosa força integradora, que contrai, condensa e reprime, trabalhando no sentido de estruturar, cristalizar e conservar as formas orgânicas, o violento signo de Escorpião, dominado por Marte, começando já a receber as influências de Plutão, representa a força desintegradora do átomo, que não destrói para construir, mas aniquila totalmente, a fim de dar passagem a novas e desconhecidas formas.

Por essas determinações cósmicas, Touro e Escorpião sempre se procuram, embora se hostilizem freqüentemente. Na vida de todo taurino sempre haverá um escorpiano que exercerá poderosa influência em seus pensamentos, em seus negócios e em sua posição social, seja ele cônjuge, irmão, associado, amigo ou inimigo. É importante notar que enquanto os taurinos resistem às mudanças, os escorpianos são adeptos das transformações; complementando-se, estas duas forças opostas determinam que a evolução se processe de modo lento e seguro, modificando sem destruir.

O escorpiano é voluntarioso e dominador, mas sabe agir com generosidade; só não gosta de ser enganado. Quem precisar de algum favor seu, para ser atendido, deve falar com absoluta sinceridade.

Amor — É na parte sexual que reside a maior harmonia entre taurinos e escorpianos; neste setor, geralmente, ambos se completam mutuamente e raramente um dos membros do casal procura distrações amorosas fora de casa, mesmo que a vida doméstica não seja muito pacífica, porque seu corpo está satisfeito embora a alma possa não estar.

Estes casamentos serão perturbados por muitas brigas e discussões. Ambos, taurinos e escorpianos, são teimosos e de gênio forte e costumam guardar as más palavras que são ditas e esquecer-se das boas. Ambos dificilmente perdoam e, embora o taurino seja um dos tipos astrológicos mais ciumentos e exclusivistas, os escorpianos o são ainda mais e não gostam de ser esquecidos ou preteridos pela pessoa amada.

Os nativos do terceiro decanato de Touro, que vai de 10 a 20 de maio, não viverão bem com os nativos de

Escorpião, pois este período é influenciado por Saturno, que se opõe violentamente a Marte.

Amizade — Entre os nativos de Touro, que são conservadores, inteligentes e práticos, e os nativos de Escorpião, que são violentos, apaixonados e audaciosos, não há probabilidade de se estabelecerem profundas e duradouras relações de amizade, pois não existe a magia sexual para mantê-los unidos. Por outro lado, poderá existir até mesmo uma certa hostilidade entre estes dois tipos astrológicos, sendo mais fácil que se tornem inimigos do que amigos.

Os taurinos devem tomar cuidado com os escorpianos negativos, que ativarão sua parte animal, conduzindo-os ao materialismo, à grosseria e aos desmandos sexuais. Em oposição, quando existir amizade entre ambos, o escorpiano será imensamente útil ao taurino, auxiliando-o a perder sua timidez, impulsionando-o e dando-lhe oportunidade para realizar todas as grandes coisas que Touro promete. Dinamizado pelo contato magnético do nativo de Escorpião, o taurino terá mais facilidade para realizar todos os seus projetos.

Negócios — Para o taurino, o signo de Escorpião representa, também, a Casa das associações, e quando se associam tipos positivos, de Touro e de Escorpião, os lucros serão certos e imediatos. Os taurinos são inteligentes e laboriosos mas também são um pouco lentos no agir, enquanto os escorpianos são decididos e enérgicos; atuarão como agentes de dinamização, ao passo que os nativos de Touro serão os realizadores.

Esta junção será benéfica para o taurino porque ele, geralmente, tem um sentido único em suas atividades, isto é, não exerce em toda a sua vida mais do que uma determinada profissão; os escorpianos, pela natureza fluente de Escorpião, que é um signo de água, e por seu constante estado de ebulição mental, determinado pela presença de Marte, um planeta de fogo reinando sobre um signo de água, têm a possibilidade de dedicar-se a mais de uma atividade, tanto podendo criar como secundar ou complementar, satisfatoriamente, os taurinos.

TOURO—SAGITÁRIO. Vênus, a sensível senhora de Touro, convive em excelentes termos com Júpiter, o deus dos deuses, regente de Sagitário. Enquanto Touro representa tudo o que pode trazer conforto e bem-estar material, isto é, simboliza a terra transformada em agradável habitação, onde o homem pode cumprir com alegria o mandamento "Crescei e multiplicai-vos", e onde pode transformar em prazer e satisfação aquilo que foi dado a Adão e Eva como castigo e dor, Sagitário exerce sua influência sobre a comunidade num sentido social; cria leis, impõe separação de castas, estabelece hierarquias, define as posições e dá um lugar e uma função a cada um. Existe, portanto, profunda seqüência entre a influência de Touro e de Sagitário; a complementação de ambos significa o cumprimento do destino dos homens, encerrado no mistério cósmico das estrelas.

A despeito dessa estreita ligação entre os dois signos, a harmonização ou antagonismo entre seus nativos depende de sua positividade ou negatividade. Somente os que nascem nos primeiros dez dias de Touro se adaptam bem aos sagitarianos. Os taurinos nascidos entre 30 de abril e 9 de maio têm menor afinidade com os filhos de Sagitário, pois Mercúrio, que participa na influência deste decanato, não é muito apreciado por Júpiter. As probabilidades diminuem ainda mais para os taurinos que recebem a vibração participante de Saturno, nascidos nos últimos dez dias de Touro, entre 10 e 20 de maio.

O sagitariano é generoso e gosta de ajudar a todos; agrada-lhe ser encarado como um benfeitor, mas é orgulhoso e vaidoso e gosta de ser tratado com respeito.

Amor — As probabilidades de sucesso no amor, nos casamentos e nas uniões são maiores para os taurinos do primeiro decanato de Touro, nascidos entre 21 e 29 de abril; grande felicidade poderá acontecer nessas uniões já que Vênus e Júpiter possuem vibrações cosmicamente harmônicas. As possibilidades de um casamento pacífico e fecundo diminuem bastante para os nativos dos demais dias do signo de Touro, onde as promessas de coexistência harmônica são poucas, havendo risco de brigas e até separação, por intrigas, incompatibilidade de gênios ou aventuras com o sexo oposto.

As hostilidades serão mais pronunciadas quando os taurinos se unirem a sagitarianos nascidos entre 1º e 10 de dezembro, segundo decanato do Centauro; neste caso, embora a afinidade sexual possa ser muito pronunciada, a união promete brigas intermináveis, desgostos com a família e, até mesmo, questões legais por heranças ou por divórcio.

Amizade — Touro é um signo de complementação e os taurinos estão prontos a admitir o domínio de uma personalidade mais forte, desde que haja uma razão objetiva ou lucrativa. As amizades entre nativos de Touro e Sagitário nunca serão muito profundas, pois os taurinos não se adaptarão à personalidade dominadora dos sagitarianos que não só gostam que as pessoas os obedeçam, mas também costumam exigir que elas pensem a seu modo, isto, com um taurino, dificilmente sucederá, pois os nativos de Touro dão imenso valor tanto às suas idéias e opiniões quanto aos seus bens materiais, agarrando-se obstinadamente a umas e a outros.

As amizades com os sagitarianos podem ser muito úteis aos taurinos, pois os nativos de Sagitário têm facilidade para conviver e pedir favores a altas personalidades. Os sagitarianos negativos são materialistas, sensuais, vaidosos, dominadores e arrogantes, sendo difícil conviver com eles, seja intimamente, no casamento, seja superficialmente, nas amizades ou negócios.

Negócios — Nas associações comerciais, em relação a Touro e Sagitário, observa-se o mesmo que nas uniões amorosas ou nas relações de amizade. Não há promessas de muita harmonia, a não ser para os taurinos nascidos entre 21 e 29 de abril; acontece, porém, que os nativos de Touro nascidos neste decanato são os menos dotados para as lides comerciais e só conseguem sucesso quando suas atividades se restringem aos negócios relacionados com bebidas e alimentos e sua venda ao público ou, ainda, com arte, decoração, enfeites, cosméticos, roupas, etc. Sagitário também não se inclina muito para o comércio; embora seus nativos sejam inteligentes e possuam inato dom de comando e organização, Mercúrio, o deus da barganha, não tem afinidade com esse signo e os sagitarianos dificilmente sabem comprar ou vender.

Quando taurinos e sagitarianos se associarem comercialmente é bom ter cuidado com papéis e documentos; também as questões legais devem ser evitadas, pois quase sempre trarão mais prejuízo do que lucro.

TOURO—CAPRICÓRNIO. Encontram-se aqui dois signos de terra, sendo que Capricórnio contém quase as mesmas induções materiais que Touro: estabilidade, obstinação, persistência, laboriosidade, construtividade e, sobretudo, a mesma tendência para limitar, cercar, proteger e defender contra as transformações. Em Capricórnio, porém, essas induções são mais fortes e sendo a influência de Vênus muito diminuta, restrita a apenas um decanato e quase apagada pelo frio e severo Saturno, seu inimigo e regente da Cabra Marinha, falta aos capricornianos o calor humano que sempre se encontra nos taurinos.

Os nativos de Capricórnio desdenham o conforto e o bem-estar físico e não põem, como os taurinos, tanto empenho na luta pelos bens materiais. Amam e protegem seus familiares enquanto estes estão ao seu redor ou sob sua dependência, mas se eles se afastam, deixam de sentir qualquer espécie de ligação ou obrigação. A severidade, a modéstia, a simplicidade e a frugalidade são traços marcantes nos capricornianos, que desprezam o agradável colorido, os bons aromas, a beleza que os taurinos sempre apreciam ver ao seu redor, seja em suas roupas, em sua mesa ou em sua habitação.

Os nativos de Capricórnio, quando negativos ou inferiores, são imensamente maléficos, cruéis e destrutivos; poderão trazer grandes males aos taurinos pois, pervertendo os raios venusianos, darão inclinação para os vícios e o relaxamento moral.

O capricorniano é reservado e às vezes bastante insensível; quem necessitar de seus favores precisará de sua boa estrela para ser atendido.

Amor — Amor, entre Touro e Capricórnio, não é muito fácil de acontecer, a não ser entre pessoas nascidas no primeiro decanato de Touro, entre 21 e 29 de abril, e no segundo decanato de Capricórnio, entre 31 de dezembro e 9 de janeiro; entre estes poderemos encontrar amor em seu sentido comum, isto é, calor, afeto e comunhão mental e física. Como Capricórnio é um signo fértil, os casamentos também prometem maior número de filhos para esses nativos.

Para os demais nativos destes dois signos, a união e o casamento, com raras exceções, serão mais motivados por interesse ou conveniência do que por amor. Existirá entre os cônjuges maior fraternidade e menor interesse sexual. As uniões poderão ser duradouras e pacíficas, mas não trarão muita felicidade para os taurinos, que são demasiadamente afetivos e necessitam viver rodeados pelo carinho e aprovação da família, especialmente do cônjuge, e são capazes de suportar todas as lutas quando amparados espiritualmente.

Amizade — Vênus é hostil a Saturno mas, a despeito disso, as amizades entre taurinos e capricornianos serão sempre úteis e benéficas para os nativos de Touro. Embora o calor venusiano, que determina a sociabilidade, seja muito diminuto em virtude da influência frígida de Saturno, taurinos e capricornianos se comprazerão na companhia mútua, pois existem as vibrações do elemento terra para estabelecer afinidade entre eles. Na verdade, os taurinos amam a beleza e o conforto, enquanto os capricornianos pouca importância dão àquilo que não seja estritamente necessário; não obstante, entre ambos os tipos astrológicos podem surgir amizades sinceras e duradouras.

Para os nascidos no primeiro decanato de Touro, entre 21 e 29 de abril, as relações mais íntimas com capricornianos negativos poderão ser intensamente maléficas, pois este decanato recebe apenas a passiva influência de Vênus, que pode ser completamente dominada por Saturno, cujos raios negativos são extremamente destrutivos.

Negócios — Todas as associações estabelecidas com fins lucrativos entre taurinos e capricornianos serão prósperas e sólidas. Ambos os tipos astrológicos sabem conduzir seus esforços num sentido objetivo, não temem o trabalho e não medem esforços quando desejam realizar qualquer coisa que lhes pareça importante.

É necessário ter extremo cuidado com papéis, documentos e cartas, pois alguns prejuízos poderão advir deles, especialmente para os taurinos. É prudente, também, evitar as questões legais. Os negócios relacionados com terras e bens imóveis serão altamente afortunados para taurinos e capricornianos, assim como os empreendimentos agrícolas, plantação ou comércio de cereais, frutas ou legumes, ou, ainda, a criação de gado, aves, etc. Os empreendimentos científicos poderão ser um tanto desfavoráveis, pois Capricórnio não se inclina muito para a Ciência. Todas as atividades científicas ou intelectuais trarão imenso êxito, tanto para taurinos como para capricornianos.

TOURO—AQUÁRIO. Aquário, o signo das revoluções sociais, que simboliza a misteriosa força que impele o indivíduo no sentido de anular as distâncias e quebrar os limites que o prendem à Terra, tem uma vibração que se antagoniza com a irradiação de Touro que é um setor cósmico que determina profundas raízes e se opõe às transformações. Urano, regente de Aquário, além de quebrar as barreiras sociais, imprime em seus nativos a necessidade de ser livre; orienta-os no sentido de acabar com os limites de espaço e tempo, por meio do rádio e da televisão; arranca-os desta Terra, que é o reino de Touro, e projeta-os no espaço, em busca da liberdade cósmica, ensinando-lhes a Astronáutica e a Aeronáutica; destrói os próprios limites da mente, dando faculdades telepáticas altamente desenvolvidas.

Tudo isto, para Touro, é uma ameaça à segurança do ambiente que ele lutou para criar, uma ameaça para o sistema de defesa que construiu ao seu redor, destinado a protegê-lo e a proteger os bens representados por suas idéias, sua família e suas propriedades. Tudo o que vem de Aquário inquieta os taurinos, embora desperte neles, ao mesmo tempo, um certo orgulho. Isto acontece porque Touro, sendo a Casa do Homem, torna os taurinos sensíveis a todas as vitórias humanas; na verdade, são os responsáveis indiretos de todas as conquistas, pois propiciam o ambiente para que os outros possam trabalhar.

O aquariano não é muito afetivo ou sensível, mas sabe ser generoso. Quem necessitar de sua ajuda, facilmente será atendido; o difícil será chegar até ele, pois Aquário torna seus nativos retraídos e pouco sociáveis.

Amor — Nessa forma de associação íntima que é o matrimônio, os nativos de Touro e Aquário têm poucas possibilidades de conviver harmonicamente, a não ser que ambos sejam tipos positivos.

Enquanto os taurinos são amantes do conforto e gostam de viver num ambiente governado por uma suave rotina doméstica, os aquarianos são excêntricos e irregulares em seus hábitos, embora gostem que os outros vivam regularmente e não os incomodem. Os dois signos, o de Touro e o de Aquário, são de ritmo fixo, o que determina em seus nativos a mesma teimosia e obstinação. O taurino quando quer alguma coisa é perseverante e nada o faz desistir; o aquariano, para conseguir o que deseja, põe todas as suas energias, físicas e mentais, em ação. O taurino, quando briga, dificilmente perdoa; o aquariano não briga, mas raramente admite reconciliação quando se sente ofendido. Por todas essas razões, o casamento raramente será pacífico e poderá terminar em separação.

Amizade — É nas relações de amizade que as maiores probabilidades de vivência harmônica podem ser observadas entre taurinos e aquarianos. Como Urano se enfraquece ao entrar no campo magnético das estrelas de Touro, os aquarianos nunca terão, sobre os taurinos, a mesma notável influência que costumam exercer sobre determinados tipos astrológicos, e os nativos de Touro sempre sentirão certa desaprovação pelas atitudes não-convencionais dos filhos de Aquário, que não admitem preconceitos sociais, raciais ou religiosos.

Apesar disso, o signo de Aquário exerce importante papel no destino dos taurinos pois, em seu céu astrológico natal ele corresponde à Casa da posição social. Os nativos de Aquário poderão influir, de modo benéfico ou maléfico, sobre os taurinos e seu prestígio social. É necessário cuidado com os aquarianos negativos, que poderão inclinar-se ao uso de tóxicos, à perversão sexual ou à destruição da ordem e das instituições sociais.

Negócios — Os taurinos são práticos, gostam da riqueza e do conforto e todo o trabalho que fazem sempre tem um fim lucrativo. Os aquarianos, em oposição, não dão muito valor às posses materiais. Têm valor e inteligência para adquirir fortuna mas não sabem lutar quando alguém tenta arrebatar seus bens. Gostam de valorizar seu trabalho porque acham que o dinheiro pode dar a justa medida do prestígio do indivíduo em sua atividade profissional, mas não procuram lucros quando realizam alguma tarefa que consideram necessária ou particularmente agradável. Estas atitudes não têm a aprovação dos taurinos e as associações comerciais entre ambos dificilmente serão benéficas.

Os nativos de Touro raramente se inclinam para as atividades mais propícias aos aquarianos; nos assuntos ligados à terra e às propriedades imóveis ambos os signos têm favorável influência e quando taurinos e aquarianos se associam, nestas atividades, elas poderão trazer dinheiro e prestígio.

TOURO—PEIXES. Os signos de terra têm maior afinidade com os de água do que com os de fogo e ar.

O elemento frio, comum a ambos, determina harmonia estrutural e a unidade do elemento água suaviza a força construtora do elemento terra, dando-lhe permeabilidade e plasticidade. Cosmicamente, a associação terra-água está enquadrada nos planos material e astral e representa o mundo da forma.

Peixes, que é o último dos signos e fecha o círculo zodiacal, é a Casa dos mistérios do além, dos inimigos, da destruição oculta nas sombras e do mal que vem do mundo imaterial; é, igualmente, a Casa do messianismo, da abnegação e do sacrifício sendo, portanto, de fundamental importância, benéfica ou maléfica, no céu astrológico de todos os tipos zodiacais.

No horóscopo mensal, fixo, dos taurinos, ele ocupa o setor das afinidades eletivas, dos benfeitores, amigos e protetores e determina a evolução afetiva. Os piscianos poderão ter grande papel na vida dos taurinos, complementando-os e auxiliando-os com abnegação, amparando-os nas horas graves, aconselhando-os e indicando-lhes o caminho certo nos momentos decisivos. Nos casos negativos, poderão conduzir os nativos de Touro à ruína espiritual, social ou financeira; devem, pois, os taurinos, escolher com sabedoria os piscianos com quem irão conviver.

O nativo de Peixes dificilmente sabe negar favores. É bom, generoso, alegre e tanto está sempre pronto para ir a uma festa como para visitar um doente num hospital. Quem precisar de seu auxílio terá apenas que pedi-lo.

Amor — No amor, os aspectos entre Touro e Peixes são muito favoráveis. Vênus, o regente de Touro, encontra sua exaltação no signo de Peixes e sua benéfica influência determina felicidade, paz e harmonia, além de grande fecundidade, sendo que os filhos sempre trarão prazer e alegria.

Os piscianos podem possuir faculdades mediúnicas altamente desenvolvidas, tendo às vezes sonhos proféticos de extraordinária qualidade. Os taurinos, quando viverem em condições harmônicas, devem sempre ouvir os conselhos do cônjuge pisciano, que são mais ditados pela intuição do que pela razão.

Os piscianos negativos são inclinados à bebida, aos tóxicos e às perversões sexuais e os taurinos, que são sadios de corpo e mente, serão profundamente infelizes se contraírem matrimônio com tipos inferiores de Peixes. Para os taurinos nascidos entre 30 de abril e 9 de maio, as probabilidades de harmonia no matrimônio são pequenas porque Mercúrio, que influencia este decanato, é hostil a Netuno, regente de Peixes.

Amizade — As relações de amizade entre taurinos e piscianos também são muito favoráveis. Vênus e Netuno são planetas muito harmônicos; Netuno é a oitava superior de Vênus e contém, sublimadas, as mesmas qualidades venusianas de sensibilidade, arte, emotividade, espiritualidade e inspiração.

As associações fraternais entre nativos destes dois signos serão sempre agradáveis, pacíficas e úteis. Nada de violento poderá surgir, pois tanto os nativos de Touro como os de Peixes são alegres, sociáveis e amantes da calma e da harmonia, embora a teimosia, o rancor e a cólera do pisciano tenham a mesma qualidade lenta porém explosiva que se observa nos taurinos.

Mesmo que as amizades com piscianos não tragam nenhum lucro social ou financeiro para os nativos de Touro, elas serão sempre benéficas devido à irradiação elevada do signo de Peixes. É preciso cuidado, porém, com os piscianos negativos, que poderão trazer graves danos sociais, materiais e espirituais.

Negócios — São muito variáveis as possibilidades quando se juntam, numa associação comercial, nativos de Touro e de Peixes. As probabilidades de sucesso são medíocres; não obstante, os prognósticos podem se alterar completamente quando se unem tipos positivos, principalmente quando os taurinos se associam a piscianos nascidos no segundo decanato de Peixes, entre 1º e 10 de março, decanato este que tem influência lunar. Sob inúmeros aspectos a Lua pode ser tão hábil comerciante quanto Mercúrio, sendo, freqüentemente, mais maliciosa e sagaz do que ele.

Ao fazer negócios com piscianos negativos, o taurino deve tomar cuidado, pois poderá ser lesado por eles ou conduzido a questões legais que trarão muito prejuízo. Como Mercúrio perde, em Peixes, toda a sua força positiva, é necessário ter cautela com todas as coisas escritas, livros, registros, cartas, etc., pois elas poderão ocasionar aborrecimentos e discussões.

VÊNUS, O REGENTE DE TOURO

Vênus, perpetuamente envolto em nuvens, mas cuja superfície, segundo os astrônomos, poderia ser comparada a uma estufa, de interior calmo, quente e extremamente seco, parece um ambiente próprio para o desenvolvimento de fascinantes e estranhas criaturas, bem diferentes daquelas produzidas pela bioquímica terrestre.

Touro e Libra são dois signos que têm a regência de Vênus. Em cada um deles ela assume uma vibração distinta; em ambos, porém, derrama sua irradiação sensível e atrativa e exerce sua influência que encanta e magnetiza. Vênus é Lúcifer e Vésper, a senhora das horas suaves do amanhecer e do anoitecer, da mesma forma que o Sol é o soberano das horas cálidas do dia e a Lua é a rainha das sombras noturnas.

Vênus é de constituição quente-úmida, estando mais harmonizado com Libra, signo aéreo, do que com Touro, que é de natureza frio-seca. Justamente nisso é que reside a importância cósmica da união Terra-Vênus, onde os pólos de energia material se manifestam, complementam-se e dão, ao signo de Touro, a sua faculdade de construir os quatro cantos do mundo, de conhecer todas as formas, de estruturar, conservar e adaptar as formas às necessidades e imposições do meio ambiente.

É também a Vênus que estão subordinadas todas as plantas, árvores e arbustos, pois é ele quem domina sobre a clorofila, o pigmento verde que funciona como energia transformadora e que, mediante o processo chamado fotossíntese, faz com que o dióxido de carbono e a água, sob influência dos raios solares, modifiquem-se quimicamente e se transformem em oxigênio e carboidratos, permitindo, assim, que as plantas respirem e se alimentem. É ele, pois, o responsável por toda a beleza verde que recobre a Terra, desde as florestas tropicais, selvagens e sufocantes, até os jardins floridos, as árvores cobertas de frutos e os campos cultivados.

Sendo-lhe misticamente atribuída uma natureza feminina, Vênus é passivo e representa o pólo de complementação da força ativa simbolizada por Marte. É o planeta da emoção e da beleza e sua influência torna as criaturas sensíveis, emotivas, meigas, amáveis e atraentes. Note-se, porém, que as vibrações superiores deste planeta geralmente alcançam menos os homens e mais as inocentes criaturas do mundo vegetal; as plantas, flores e frutos são tão belos, tão perfumados, tão perfeitos e estão de tal forma impregnados de força venusiana que basta pôr um punhado de maçãs ou um ramo de flores em uma sala para sentir sua vibração de paz e afeto. Somente os seres humanos mais elevados conseguem absorver e retransmitir as superiores influências de Vênus, pois elas se neutralizam ou negativizam quando em contato com a aura pesada e sombria das criaturas menos evoluídas.

Além das profissões naturais do signo de Touro, os taurinos também podem encaminhar-se, com pleno êxito, em todas as atividades regidas por Vênus, ou seja, em todos os trabalhos que exigem habilidade manual, paciência, elegância, sensibilidade e bom gosto. Vênus protege os músicos, os pintores, os cantores e os artistas em geral, inclusive ceramistas, escultores, bailarinos, cenógrafos, coreógrafos, etc. Também a ele estão subordinados todos aqueles que exercem atividades relacionadas com o conforto e o embelezamento da criatura humana e do lar: costureiras, cabeleireiros, maquiadores, perfumistas, modelistas, manequins, desenhistas de modas ou de mobílias, decoradores, tapeceiros, tecelões, etc.

A influência venusiana desperta a sociabilidade, enquanto a Lua determina o instinto gregário. O taurino é sociável mas não é adepto da promiscuidade, preferindo receber amigos em seu lar ou visitá-los, mas não apreciando os grandes aglomerados, as ruas muito movimentadas e os lugares ou residências coletivas. As reuniões sociais, as festas, os bailes, as pequenas reuniões íntimas, os jantares entre amigos, o calor de uma boa palestra, tudo isto faz bem aos taurinos, repousando sua mente e alegrando seu espírito. É também por influência de Vênus que eles fogem da tristeza e da dor, sentindo-se deprimidos quando devem assistir a um enterro ou visitar um doente. Nada que seja sombrio ou fúnebre os atrai e se são obrigados a viver ou freqüentar assiduamente um local triste ou sombrio até mesmo sua saúde se ressentirá e seu sistema nervoso ficará abalado.

A irradiação de Vênus faz que os taurinos evoluam no tempo e no espaço sem, no entanto, abandonarem suas raízes. Sem as influências venusianas eles permaneceriam estáticos mas, graças a elas, os filhos de Touro caminham paralelamente a todos os progressos e conquistas da era atual. Em suas manifestações artísticas ou em qualquer trabalho em que se empenhem, os taurinos estarão sempre atualizados com as mais modernas normas do bom gosto, da ciência ou da técnica, pois apesar de olharem com desconfiança todas as inovações, uma vez comprovada a sua utilidade, Vênus os ensina a aproveitá-las muito bem.

Os taurinos nascidos no primeiro decanato do seu signo, isto é, entre 21 e 29 de abril, são mais expansivos, alegres, vaidosos e sensíveis que seus irmãos de signo, em virtude da forte influência de Vênus, que além de dominar sobre todo o signo, aqui tem a sua força redobrada, pois não existe nenhuma influência participante. A perversão sexual é um dos aspectos determinados pela negativação dos raios venusianos e os taurinos negativos podem inclinar-se para a prostituição. As mulheres de Touro, principalmente as deste primeiro decanato, quando são negativas e inferiores, podem ser encontradas nos prostíbulos, desde os mais luxuosos até os mais reles; podem, também, disfarçar-se de esposas honestas, mantendo ligações amorosas às escondidas do marido.

Mercúrio participa da regência do segundo decanato de Touro, que vai de 30 de abril a 9 de maio; Saturno participa do governo do terceiro decanato, que vai de 10 a 20 de maio. Os taurinos nascidos nestes dois períodos, embora sintam menos a influência de Vênus, também são altamente favorecidos por ela, que modifica a natureza inquieta e extremamente fria de Mercúrio e dá um tom alegre e cálido às sombrias, frígidas e pesadas vibrações saturninas.

Os taurinos nascidos nos primeiros dez dias de seu signo terão extremo êxito em todas as atividades dominadas por Vênus, embora possam dedicar-se com igual sucesso às profissões induzidas por Touro.

Simbolismo das cores

As cores de Vênus são o azul esverdeado, o verde e o rosa. Enquanto o verde representa a esfera da Criação, o azul simboliza o Espírito. O rosa, cor composta pelo branco e pelo vermelho, é de influência imensamente benéfica e elevada, pois o branco é o tom que identifica a sabedoria divina, enquanto o vermelho representa o amor divinal.

Para os taurinos nascidos no primeiro decanato de Touro, entre 21 e 29 de abril, o azul esverdeado e o rosa são os tons mais favoráveis. Os nativos do segundo decanato, que vai de 30 de abril a 9 de maio, já devem usar o verde mais vivo, com maior predominância de amarelo, enquanto que os taurinos do terceiro decanato podem usar o verde mais queimado. Também para os que nascem nestes dois últimos decanatos, os tons mesclados de verde, azul, castanho, amarelo, rosa e preto são muito favoráveis.

O rosa é uma cor altamente espiritualizada e causa profundo bem-estar, devendo ser bastante usada nas roupas, adornos, na pintura dos aposentos e na decoração do lar, principalmente na parte reservada às crianças, que deve ser sempre pintada em suaves tons de rosa e azul. A raiz latina de rosa, *ros*, é a mesma de *rocio*, chuva, e está associada à fertilidade e à bendição celeste. Ela é, também, o emblema da paz monástica e do amor mais elevado. No domingo chamado *Laetare*, anterior à Semana Santa, que é também chamado "domingo das rosas", no ritual católico moderno e antigo, o Papa abençoa uma rosa de ouro que é depois levada em procissão pelas ruas de Roma para ser, posteriormente, oferecida a alguma cidade ou congregação que tenha se destacado por seu trabalho cristão.

O verde, em heráldica, recebe o nome de Sinople e simboliza o amor, a fraternidade, a alegria e a abundância. O azul, componente principal da cor venusiana, chamada *blau*, em heráldica, representa a castidade e a fidelidade. Essa cor é fonte de vitalidade física e psíquica e todos os tons dela, principalmente os que tendem para o verde, são altamente favoráveis para os taurinos.

Na mitologia, encontramos que uma abundante chuva de ouro caiu sobre a Ilha de Rodes quando nasceu Minerva, a dileta filha de Júpiter. Rodes quer dizer rosas e Minerva é a deusa da sabedoria; por aí vemos que, além de sua influência sedativa e espiritualizante, a cor rosa ainda tem vibrações propícias ao desenvolvimento intelectual e também à fortuna, ao prestígio e à riqueza.

O amarelo e o azul, cores que formam o verde, também têm alta significação mística. Todos os tons de azul favorecem a energia física e mental e têm especial poder sedativo sobre o sistema nervoso, enquanto todos os tons de amarelo, que é a cor que simboliza a Iniciação, estabelecem o equilíbrio entre o espírito, a mente e o corpo físico.

É interessante observar como a história bíblica da tentação de Eva está toda sob o domínio de Vênus. A ela pertencem os pomares e jardins, estando, portanto, sob o seu domínio celestial o Éden ou paraíso terrestre; também sob sua influência estão as maçãs, belas e perfumadas, e as árvores. Sua presença está, ainda, representada no verde castanho do corpo e no verde esmeraldino dos olhos da serpente que tentou Eva.

Na iconografia católica, o dragão que São Jorge mata, assim como o que São Miguel mantém imóvel com sua espada, são representados em tom verde, assim como verdes são os olhos de Lúcifer, o formoso anjo do Mal; por estranha coincidência, Lúcifer era o nome que na antiguidade se dava a Vênus, quando ele surgia no céu, ao amanhecer. Vemos, então, que suas vibrações maléficas representam o mundo infernal; suas vibrações benéficas representam o amor divino, o mundo celestial. O homem, desterrado do paraíso, vem encontrar aqui, na Terra, suas vibrações sensíveis e elevadas que suavizam o castigo que lhe foi infligido por desobedecer ao Criador.

A magia das pedras e dos metais

As pedras preciosas mais favoráveis para os taurinos são o jade verde, o lápis-lazúli e a safira azul. Também o coral rosa é excelente para ser usado pelos nativos do primeiro decanato de Touro, nascidos entre 21 e 29 de abril.

A esmeralda é benéfica para os taurinos do segundo decanato, nascidos entre 30 de abril e 9 de maio. A esmeralda, segundo a tradição, proporciona calma e desenvolve a visão interior, permitindo que a sabedoria seja atingida sem sofrimento, por meio da razão e da meditação. A calcedônia, que é uma variedade de ágata de um branco-azulado, é muito propícia para os taurinos que nascem entre 10 e 20 de maio, e que recebem a influência participante de Saturno; segundo a tradição, a calcedônia, ou qualquer variedade de ágata, traz imensa prosperidade e fortuna a quem a usa.

O cobre, metal que pertence a Vênus, deve ser usado de todos os modos, por taurinos e librianos, pois ele tem vibrações altamente benéficas. Com ele podem ser confeccionados não só adornos para uso pessoal como, também, objetos para decoração do lar, peso para papéis, em escritório, e demais peças que devem sempre estar no ambiente onde o taurino vive ou trabalha, a fim de que possa receber, de todos os modos, as vibrações sedativas, sensibilizantes e elevadas de Vênus, que também são emitidas por suas flores, suas pedras preciosas e seu metal.

A mística das plantas e dos perfumes

Como já dissemos, estão sob a influência de Vênus, de modo indireto, todas as árvores, arbustos e plantas em geral. Há algumas, porém, que emitem mais fortemente sua vibração e são especialmente aquelas de cores suaves e perfume delicado: rosas, cravos, narcisos, violetas, jacintos, a perfumada malva, a delicada lavanda e a aromática verbena.

Os taurinos nascidos entre 30 de abril e 9 de maio poderão usar, na ornamentação do seu lar, ou como perfume para uso pessoal, a flor e a essência da angélica. Os que nascem no terceiro decanato de Touro, entre 10 e 20 de maio, deverão sempre aromatizar suas roupas com verbena, que é uma planta cujo aroma é altamente benéfico para eles.

Os perfumes de Vênus, isto é, todos aqueles preparados com puras essências naturais de flores, principalmente rosas, violetas, jacintos e folhas de lavanda, devem ser utilizados pelos taurinos, pois acalmarão seus nervos e tornarão sua personalidade mais atraente e magnética.

As roupas das crianças nascidas em Touro ou em qualquer signo devem ser guardadas com sachês de lavanda, cujo perfume as deixará calmas, meigas e amorosas. Um pouco de mirra ou incenso, queimado com flores secas, especialmente rosas, perfuma o ambiente deixando-o impregnado com as elevadas vibrações venusianas; isto, naturalmente, deve ser feito sem sentido místico ou religioso, apenas para utilização da mágica harmonia existente entre o homem, seu signo de nascimento, seu planeta regente e as flores e aromas que mais se harmonizam com sua natureza cósmica.

VÊNUS E OS SETE DIAS DA SEMANA

Segunda-Feira

A Lua, regente de Câncer, é quem domina sobre a segunda-feira. Câncer é um signo de água e este dia, portanto, pertence ao móvel e psíquico elemento que é responsável pelas fantasias, sonhos e crendices e que favorece as aparições e as comunicações com nossos ancestrais. Sendo Câncer um signo passivo e a Lua um elemento de força também passiva, ou feminina, a segunda-feira é um dia onde todos sentem suas energias diminuídas; como diz o povo, "dia de preguiça".

Acontece que este dia domina sobre coisas importantes que nada têm de preguiçosas, relacionando-se com a alimentação e a diversão do povo. Circos, parques de diversão, teatros, cinemas, feiras, mercados, portos de mar, alfândegas, entrepostos de pesca, são locais que estão sob a vibração lunar. Como Vênus se harmoniza com a Lua, os taurinos poderão, nas segundas-feiras, tratar não só dos assuntos relacionados com seu planeta como, também, de todas essas atividades lunares.

Terça-Feira

A terça-feira está sob a vibração de Marte. Como o turbulento deus da guerra vive em boa paz com Vênus, os taurinos poderão tratar calmamente das atividades governadas por Marte e cuidar, com certa cautela, dos assuntos ligados ao seu planeta regente. A cautela é necessária porque Marte sempre materializa bastante as vibrações venusianas, sendo a terça-feira um dia onde geralmente as influências são violentas.

Este dia é favorável para consultar médicos, cirurgiões, dentistas, oftalmologistas, etc., pois Marte, além de seu grande poder vitalizante, também age beneficamente sobre as coisas ligadas à saúde e ao corpo físico. É, também, dia propício para toda sorte de operações e para início de qualquer tratamento de saúde.

Marte domina sobre a indústria, o ferro, o fogo, a mecânica, os ruídos, a violência, a dor, o sangue e a morte. Esse dia é bom para tratar de assuntos ligados a hospitais, prisões, fábricas, matadouros, campos de esporte, ferrovias, indústrias e também quartéis e tribunais, pois Marte também influencia os militares, os homens do governo, os juízes e os grandes chefes de empresa.

Quarta-Feira

Mercúrio, o pequenino, plástico e ágil planeta que é o mais próximo do Sol, harmoniza-se bem com Vênus, mas Urano, que participa com Mercúrio da regência das quartas-feiras, não tem com ela a mesma afinidade. Este é, portanto, um dia bom para os taurinos, com exceção dos que nascem no primeiro decanato do seu signo, entre 21 e 29 de abril, que terão de acautelar-se com as vibrações uranianas que não lhes são muito benéficas.

Urano domina sobre a eletrônica, o rádio, a televisão, a cibernética, o automobilismo, a astronáutica, a aeronáutica, e todas as atividades onde intervenham a eletricidade, o movimento mecânico, as ondas de rádio e todas as formas de vibração mental, especialmente a telepatia.

Mercúrio é o senhor da palavra, escrita ou falada, e protege as comunicações, os documentos, cartas, livros, publicações e escritos de toda espécie. Rege, ainda, o jornalismo, a publicidade e as transações comerciais. A quarta-feira também é propícia para as viagens, pois Mercúrio governa todos os meios de locomoção, exceto os aéreos, que estão sob a regência de Urano.

Quinta-Feira

Júpiter, o benevolente e hierárquico deus dos deuses, é que domina sobre as quintas-feiras, favorecendo tudo o que diz respeito às relações humanas, desde que não sejam transações comerciais.

Ele protege, beneficamente, os noivados, namoros, festas, casamentos, reuniões sociais, comícios políticos, conferências, concertos, etc. Também sob sua regência estão todas as coisas relacionadas com o Poder e o Direito. Pode-se, pois, nas quintas-feiras, tratar de assuntos ligados a juízes e tribunais ou que sejam afetos ao governo, ao clero ou às classes armadas. Também sob sua proteção estão os professores, os filósofos, os sociólogos, os cientistas, os economistas, os políticos e os grandes chefes de empresa.

Júpiter se harmoniza bem com Vênus e os taurinos poderão, neste dia, tratar dos assuntos jupterianos e de todas as atividades ligadas a Vênus. Os nativos dos dez primeiros dias de Touro, nascidos entre 21 e 29 de abril, têm na quinta-feira um dia mais propício do que seus demais irmãos de signo, que devem agir com certa cautela, especialmente em relação às questões legais, devido a que Mercúrio e Saturno, participantes da regência de Touro, em seus últimos vinte dias, não se harmonizam bem com Júpiter e podem trazer alguns aborrecimentos.

Sexta-Feira

A regência das sextas-feiras está dividida entre Vênus e Netuno. Devido às influências destes dois planetas, este dia possui uma forte vibração que determina sensibilidade, emotividade, inspiração e espiritualidade. Vênus é um planeta mais material que Netuno, pois enquanto ele está ligado à emoção, ao prazer e à beleza, Netuno domina sobre a fraternidade humana no plano material e sobre as manifestações psíquicas. A sexta-feira é considerada por muitos como dia de "assombração" porque Netuno, desenvolvendo a visão interior, faz com que as pessoas mais sensíveis julguem *ver*, com seus olhos físicos, criaturas que pertencem ao plano astral, geralmente feias porque pertencem a camadas astrais mais densas; essas pessoas não estão vendo, realmente, estão apenas *percebendo* essas criaturas, com sua visão interior.

Vênus domina sobre a beleza e a conservação do corpo físico. A sexta-feira é favorável para comprar roupas e objetos de adorno, tanto para uso pessoal como para o embelezamento do lar. É também propícia para cuidar dos cabelos, da pele, das unhas ou de qualquer detalhe relacionado com a estética e a elegância, feminina ou masculina. É dia muito benéfico para festas, reuniões sociais ou encontro com amigos, protegendo, também, os namoros, noivados e casamentos. Todos os presentes dados ou recebidos neste dia são motivo de muita alegria, sejam eles flores, bombons, objetos de adorno ou decoração, roupas, livros, perfumes, etc.

Vênus e Netuno protegem as Artes e a sexta-feira é favorável para todas as atividades artísticas, tanto as populares como as eruditas. No dia de hoje devem ser evitados os excessos no beber ou nos prazeres amorosos e principalmente a companhia de pessoas negativas, inclinadas ao uso de tóxicos, pois todas essas coisas podem ter efeitos muito prejudiciais nas sextas-feiras, inclinando ao vício permanente e, como conseqüência, à degradação.

Netuno, o misterioso senhor dos abismos marinhos, não se harmoniza com Mercúrio e Saturno. Os taurinos nascidos nos últimos vinte dias de Touro, entre 30 de abril e 20 de maio, podem considerar a sexta-feira como um dia favorável, mas devem ter cautela com as vibrações netunianas, evitando brigas, discussões ou os excessos acima indicados.

Sábado

O frio e constritor Saturno, filho do Céu e da Terra, não se harmoniza bem com Vênus, mas tem grande afinidade com Mercúrio. O sábado é menos favorável aos taurinos do primeiro decanato de Touro, nascidos entre

21 e 29 de abril, mas os demais nativos do signo podem considerá-lo como um dia bastante propício no qual, principalmente, as atividades ligadas a Saturno podem trazer muito êxito.

A vibração saturnina rege os lugares sombrios ou fechados, tais como cemitérios, minas, poços, escavações e laboratórios, ou os locais de punição, sofrimento, recolhimento ou confinamento, como cárceres, hospitais, claustros, conventos, hospitais de isolamento, etc. A lepra, as feridas e chagas de todo tipo, a sarna, o eczema e todos os males semelhantes pertencem a Saturno e o sábado é bom dia para iniciar ou providenciar qualquer tratamento.

Este planeta também domina sobre a arquitetura tradicional e a construção de edifícios para fins religiosos, punitivos ou de tratamento, como igrejas, claustros, conventos, tribunais, penitenciárias, orfanatos, asilos, casas de saúde, etc. A ele estão ligados, ainda, os estudos profundos, como a Matemática, a Astronomia, a Filosofia e, também, as Ciências Herméticas. Como filho do Céu e da Terra, Saturno é, igualmente, o regente dos bens materiais ligados à terra, e nisso favorece bastante os filhos do Touro, pois domina sobre as casas, terrenos e propriedades, na cidade ou no campo.

Domingo

O domingo favorece bastante todos os taurinos, com exceção daqueles que nascem nos últimos dez dias de Touro, entre 10 e 20 de maio, que recebem a influência participante de Saturno, que é inimigo do Sol, o senhor do domingo.

O Sol é o planeta da luz, do riso, da fortuna, da beleza e do prazer e sob sua influência está tudo o que é original, formoso, festivo, extravagante, confortável e opulento. No domingo pode-se recorrer ou pedir favores a pessoas altamente colocadas, solicitar empréstimos ou tratar de qualquer problema financeiro. Pode-se, com êxito, pedir proteção ou emprego a altos elementos da política, do clero ou das finanças. É um dia que inclina à bondade, à generosidade e à fraternidade sendo, portanto, benéfico para visitas, festas, reuniões sociais, conferências, noivados, namoros e casamentos; favorece, ainda, a Arte e todas as atividades a ela ligadas, assim como as jóias e pedras preciosas e as antiguidades de alto valor, dominando sobre a compra e a venda destes artigos e a realização de mostras, exposições, concertos musicais, etc.

No domingo os taurinos podem cuidar com êxito não só dos assuntos ligados a Vênus como, também, dos que estão ligados ao Sol; como já dissemos, os nativos dos últimos dez dias de Touro terão neste dia vibrações menos favoráveis, devendo agir com cautela.

MITOLOGIA

Touro

Segundo a mitologia, o animal que simboliza Touro é o touro em que Júpiter se transformou para raptar Europa; outras lendas dizem que esse animal não é um touro, é uma vaca branca em que Júpiter transformou a formosa ninfa Io, filho do estranho rio Ínaco, que só tinha água no período das chuvas.

A história de Júpiter está cheia de fascinantes lendas amorosas. Apaixonou-se por Taígeta, filha de Atlas e Pleione, que está imortalizada com suas irmãs no pequeno grupo de estrelas chamado Plêiades, localizado na constelação do Touro. Amou Alcmene e dessa união nasceu Hércules. Pequenino ainda, Hércules foi abandonado por sua mãe. Juno, legítima esposa de Júpiter, encontrou-o e, vendo-o com fome, apiedou-se e deu-lhe o seio para que se alimentasse. O lendário herói sugou com tanta força que o leite espirrou em abundância, formando o caminho de estrelas chamado Via Láctea, que os antigos supunham ser a estrada que conduzia ao palácio de Júpiter.

Júpiter também foi o pai das Náiades, ninfas dos rios, regatos e fontes. Amou Têmis, filha do Céu e da Terra, que lhe deu três filhas, a Eqüidade, a Lei e a Paz, ou Eunômia, Dicéia e Irene, também chamadas Horas. Têmis também lhe deu mais três filhas, não belas como as Horas, mas feias, velhas e tristes, as Parcas, chamadas Cloto, Láquesis e Átropos; elas dirigiam a harmonia do mundo, o movimento dos corpos celestes e o destino dos homens, que era sempre escrito em placas de ferro ou bronze, onde nada podia ser apagado ou modificado. De seu amor por Mnemósine, ou Memória, nasceram as Musas, que se encarregavam de alegrar os banquetes dos deuses; elas eram Clio, a glória, Euterpe, a música, Talia, a comédia, Melpômene, a tragédia, Terpsícore, a dança, Érato, a poesia, Polímnia, a retórica, Urânia, a astronomia, e Calíope, a poesia heróica e a eloqüência.

De sua esposa legítima, Juno, nasceram as três Graças, Eufrosina, Talia e Aglaia, que eram as companheiras favoritas de Vênus. Juno também lhe deu mais dois filhos importantes: Marte, o deus da guerra, e Vulcano, o deus dos abismos, que gostava de forjar com o fogo sagrado os raios que Júpiter atirava sobre os mortais, durante as tempestades, que simbolizavam sua cólera. Amou Sêmele, formosa princesa tebana, e dessa união nasceu Baco, o deus do vinho e das alegres orgias. De sua paixão por Latona nasceu um notável casal de gêmeos: Apolo, o Sol, e Diana, a Lua, e de seu amor por Maia, uma das Plêiades, nasceu o mais irrequieto e hábil dos deuses, Mercúrio, que era seu favorito.

Assim, o deus dos deuses, tão humano em suas aventuras amorosas, teve inúmeros filhos e filhas, quase todos imortalizados, com seus lugares entre deuses ou estrelas. A história, porém, do seu amor por Europa é uma das mais interessantes. Netuno, seu irmão, apaixonou-se por uma oceânide, chamada Líbia, que lhe deu um filho, Agenor. Apesar de sua natureza divina, Agenor casou com uma mortal, Agríope, que teve quatro crianças: Europa, Cadmo, Fênix e Félix. Europa cresceu dotada de formosura incomparável e sua pele era tão alva e acetinada que se assemelhava à de Juno, a suprema deusa. Certa tarde, estando Europa com suas companheiras junto ao mar, foi vista por Júpiter. Imediatamente apaixonado, Júpiter transformou-se num alvo e belo touro, aproximou-se de Europa e deixou-se docilmente acariciar por ela, que se encantou com sua beleza e passividade. Em seguida, como Europa tivesse adornado seu pescoço com uma grinalda de flores e montado em seu dorso, o touro-Júpiter precipitou-se ao mar e alcançou, a nado, a ilha de Creta. As margens do rio Lates estão sempre recobertas por plátanos verdes porque foi ali que Júpiter amou Europa e a tornou mãe de três filhos, Minos, Radamanto e Sarpedão, sendo que os dois primeiros são juízes nos Infernos, dando assistência direta ao terrível Plutão. Depois da morte de Europa, Júpiter imortalizou sua memória, colocando o touro branco no céu, na constelação de Touro.

A história de seu amor pela ninfa Io é igualmente encantadora. Certo dia, vendo Io banhar-se nas águas de seu pai, o rio Ínaco, Júpiter se encantou com sua beleza. Com receio do ciúme de Juno, cobriu a ninfa com uma nuvem e transformou-a numa vaca de divina brancura. Juno, que apesar de deusa era bastante mulher em sua sagacidade, suspeitou de algo e pediu a Júpiter que lhe desse, de presente, o formoso animal. O deus supremo não ousou negar o pedido, com receio de aumentar as suspeitas de sua esposa. Juno, então, levou o animal para seus jardins, entregando-o à guarda de seu fiel pastor, Argos, que tinha cem olhos dotados de estranho poder, pois enquanto cinqüenta dormiam os outros cinqüenta ficavam acordados, vigiando. Mercúrio, com sua flauta mágica, adormeceu Argos, matou-o e devolveu Io a Júpiter. Juno encolerizou-se mas nada pôde fazer. Com pena de Argos, colocou seus cem olhos na cauda iridescente dos pavões. Io morreu depois de ter um filho, Épafo, e Júpiter, amargurado, imortalizou-a na constelação de Touro.

Vênus

Sob o nome romano de Vênus e o grego Afrodite, esta deusa foi uma das divindades mais cultuadas na antiguidade. Não nasceu do ventre de nenhuma mulher, deusa ou mortal; surgiu da espuma do mar, fecundada pelo sangue de Urano, o Céu, que foi sacrilegamente emasculado por seu filho Saturno. Uma concha de madrepérola agasalhou essa espuma, servindo-lhe de abrigo e foi conduzida pelo mar até próximo à ilha de Chipre, onde se abriu, fazendo surgir Vênus. Zéfiro, um dos oito ventos, entregou Vênus às mãos das Horas, que se encarregaram de criá-la e educá-la. Outras lendas consideram-na como tendo nascido da união de Júpiter e de Dionéia, filha de Netuno; em ambas, porém, sua origem é sempre a mesma, celeste e marinha.

Vênus foi esposa de Vulcano, o feio e desajeitado deus-ferreiro, que foi enganado de mil formas por sua belíssima e sensual esposa. A aventura amorosa que a deusa do amor teve com Marte foi a mais ruidosa do Olimpo. Nos encontros entre ambos, Marte deixava de guarda Alectrião, seu favorito, que era bastante preguiçoso. Certa vez, Febo, também considerado como Apolo, o Sol, e que também amava Vênus, seguiu os dois apaixonados até seu esconderijo secreto. Tendo Alectrião adormecido, Febo pôde espiá-los de perto e, vendo o que sucedia, foi chamar Vulcano. O marido ultrajado, apanhando os amantes em flagrante, envolveu-os numa rede poderosa e invisível e chamou todos os deuses para que testemunhassem o adultério. Desse amor com Marte, Vênus teve um filho, Cupido, ou Eros, o amor. Percebendo os males que Cupido poderia causar, Júpiter pediu a Vênus que se desfizesse dele, mas ela não lhe obedeceu. Como Cupido estivesse condenado a ser sempre criança enquanto não tivesse outro irmão, Vênus teve outro filho de Marte, Ânteros, ou antiamor, aquele que transforma o amor em ódio.

Além de Cupido, Vênus foi também mãe dos Amores, dos Jogos e dos Risos. De seu amor com Baco nasceu a divindade chamada Hímen, ou Himeneu. A maior paixão que sentiu foi por Adônis, um mortal que era mais belo do que qualquer dos deuses. Por ele, Vênus fugiu do Olimpo, separou-se de seus companheiros e desdenhou a companhia dos deuses. Enciumado, Marte transformou-se num javali, atacou Adônis e matou-o. Vênus, depois de chorar longamente, transformou o jovem em anêmona, flor de grande beleza e vida efêmera.

Vênus era muito cultuada na Grécia, onde lhe foram erigidos inúmeros templos. Cisnes, pombos, pássaros e lebres lhe eram consagrados e oferecidos em sacrifício. Seus altares eram ornados com flores, especialmente rosas, e eram-lhe oferecidos frutos, perfeitos e sazonados, sendo-lhe especialmente consagradas a maçã e a romã.

ASTRONOMIA

A constelação de Touro

Touro é uma constelação muito bela, fácil de ser identificada no céu, pois suas três estrelas principais formam um grande V, que corresponde à cabeça do Touro e onde se destaca Aldebarã, sua extraordinária alfa, quarenta e duas vezes maior do que o nosso Sol. Dentro dos limites de Touro existem dois misteriosos agrupamentos estelares denominados Plêiades e Híades.

Embora mais de dezesseis estrelas já tenham sido classificadas nessa nébula, as Plêiades também são chamadas "sete irmãs". As mais conhecidas são: Atlas e Pleione, pais das Plêiades, Celaenó, Electra, Taígeta, Maia, Estérope, Mérope e Alcíone, a mais brilhante. As Híades, também chamadas Pluviais, estão junto de Aldebarã e, enquanto este astro parece imóvel, as Híades, que formam uma nébula globular, voam no espaço com a velocidade de 28,6 milhas por segundo, em relação ao nosso Sol.

Em astronomia, Aldebarã, o mais brilhante astro da faixa zodiacal, é uma das quatro Estrelas Reais do zodíaco. As outras são Régulos, alfa da constelação de Leão, Antares, a maravilhosa alfa rubra de Escorpião e Fomalhaut, que embora seja alfa de uma constelação não zodiacal, o Peixes Australinus, parece influenciar favoravelmente os nativos do signo de Peixes.

O planeta

Embora seja um dos planetas que mais excitam a curiosidade, Vênus, olhado através de um telescópio, apresenta desalentador espetáculo para um astrônomo em virtude de estar, permanentemente, envolto em pesadas nuvens, que parecem protegê-lo da curiosidade dos homens da Terra. Os antigos pesquisadores dos mistérios celestes julgavam identificar dois planetas da órbita de Vênus, um que surgia pela manhã e que eles chamavam de Lúcifer e outro que aparecia à tardinha e que recebia o nome de Vésper; foi Pitágoras quem descobriu que Lúcifer e Vésper eram um só corpo celeste, Vênus.

Ainda hoje, a despeito dos potentes telescópios, Vênus é um planeta de difícil pesquisa. Com seus aparelhos, alguns astrônomos julgaram identificar, em sua superfície, manchas polares, brancas, que não parecem ser da mesma natureza que as zonas glaciais de Marte, dando a impressão de gigantescas montanhas geladas ou, ainda, de zonas polares de origem nebulosa.

Vênus tem fases, como a nossa Lua, pois reflete de igual modo a luz solar. As nuvens que o envolvem eternamente são tão mutáveis que os cientistas acreditam que a atmosfera venusiana esteja, permanentemente, num estado de incrível e violenta turbulência. Essa atmosfera também tem sido motivo de incansáveis estudos e pesquisas, e, em 1932, análises do espectro venusiano mostraram extraordinária abundância de dióxido de carbono. Foram feitos inúmeros esforços para encontrar traços de oxigênio, mas todos falharam até 1951, quando foi finalmente constatada a sua existência mas em quantidades infinitamente pequenas.

Os dados sobre a temperatura exterior de Vênus eram bastante incertos e nada se sabia sobre sua temperatura interior, ou da superfície. Em 1923 e em 1928, os astrônomos S. B. Nicholson e E. Pittit declararam que a temperatura exterior desse planeta era de 33° abaixo de zero durante o dia e 38° abaixo de zero durante a noite. Em 1953 novas medidas foram encontradas por mais dois astrônomos, John Strong e W. M. Sinton, que constataram 40° abaixo de zero para a atmosfera exterior. As medidas da temperatura de sua superfície só foram conseguidas em 1962, no dia 14 de dezembro, quando a sonda espacial Mariner

II chegou até pouco mais de 21 000 milhas de Vênus e durante 35 minutos perscrutou o planeta com seus instrumentos, enviando, em seguida, informações à Terra, que estava a 35 000 000 milhas de distância; a espantosa declaração dos instrumentos eletrônicos do Mariner II foi de que a temperatura interior de Vênus é extraordinariamente alta, alcançando 427°C. Note-se que o Sol, fonte de calor do nosso sistema, está a 67 270 000 milhas de Vênus e ele é muitíssimo mais quente que Mercúrio, que está a apenas 36 000 000 milhas do Sol e tem uma temperatura de superfície de 340°C.

Este calor intenso, segundo a opinião de alguns astrônomos, deve-se às nuvens que o envolvem e que funcionam como um abafador. Aliás, essas nuvens são um dos grandes mistérios do nosso sistema solar. A princípio supunha-se que eram idênticas às nossas, isto é, que eram formadas por vapor d'água, e acreditava-se que a superfície venusiana era recoberta de pântanos ferventes e oceanos similares aos da Terra, na pré-história. A análise espectral veio destruir a teoria da formação pelo vapor d'água e tentaram explicar sua existência como sendo uma condensação de dióxido de carbono que, a temperaturas bastante baixas, se transforma em gelo seco. A verificação de uma temperatura de 40° abaixo de zero, insuficiente para condensar o dióxido de carbono, veio destruir também essa hipótese e assim as nuvens de Vênus continuam a ser mistério inexplicável.

Devido ao seu calor extremo e ao seu nebuloso envoltório, os astrônomos modernos comparam Vênus a uma gigantesca estufa. A atmosfera é relativamente transparente e atua como as paredes de vidro da estufa que impedem que o calor se escape. Se conseguirmos chegar até Vênus, e isto quando forem fabricadas roupas e aparelhos capazes de suportar sua temperatura de 427°C, poderemos ter a interessante visão de um mundo de tonalidade avermelhada, em virtude do pó que se levanta de sua superfície extremamente seca, sem plantas e sem água, varrida por ventos fortíssimos, mundo esse coberto por um céu perpetuamente nublado, onde as nuvens se agitam em turbilhões de extrema violência.

ALGUNS TAURINOS FAMOSOS

Felipe Massa — 25 de abril de 1981
Kaká — 22 de abril de 1982
Lucélia Santos — 20 de maio de 1957
São Vicente de Paulo — 24 de abril de 1581
Maquiavel — 3 de maio de 1724
Shakespeare — 26 de abril de 1564
Johannes Brahms — 7 de maio de 1833
Florence Nightingale — 12 de maio de 1820
Robespierre — 6 de maio de 1758
Honoré de Balzac — 20 de maio de 1799
Charlotte Brönte — 21 de abril de 1816
Pierre Curie — 15 de maio de 1859
Tchaikowski — 7 de maio de 1840
Rabindranath Tagore — 6 de maio de 1861
Bertrand Russell — 18 de maio de 1872
Antonio de Oliveira Salazar — 28 de abril de 1889
Harry Truman — 8 de maio de 1884
Marconi, cientista — 25 de abril de 1874